金融刺客·金融战役史系列丛书

古老的剑客

——法国金融战役史

江晓美　著

中国科学技术出版社

·北京·

图书在版编目（CIP）数据

古老的剑客：法国金融战役史/江晓美著. —北京：中国科学技术出版社，2009.7

（金融刺客：金融战役史系列丛书）

ISBN 978-7-5046-5474-8

Ⅰ. 古… Ⅱ. 江… Ⅲ. 金融－经济史－法国 Ⅳ. F835.659

中国版本图书馆 CIP 数据核字（2009）第 113980 号

自 2006 年 4 月起本社图书封面均贴有防伪标志，未贴防伪标志的为盗版图书。

责任编辑：王明东　张　群
封面设计：耕者工作室 李丹
责任校对：林　华
责任印制：王　沛

中国科学技术出版社出版

北京市海淀区中关村南大街 16 号　邮政编码：100081

电话：010—62173865　传真：010—62179148

http://www.kjpbooks.com.cn

科学普及出版社发行部发行

北京玥实印刷有限公司印刷

*

开本：787 毫米×960 毫米 1/16　印张：10.75　字数：200 字

2009 年 8 月第 1 版　2009 年 8 月第 1 次印刷

印数：1—5000 册　定价：30.00 元

ISBN 978- 7-5046-5474-8/F·661

"枪声响了，该买入了"

（代前言）

法国的拿破仑与英国的威灵顿巅峰对决，滑铁卢成了失败的代名词。

一场大雨决定了法军的命运，但对罗思柴尔德家族来说，天空中洒落的却是哗哗的金币。据说他们战后两天的斩获就超过拿破仑十年的征伐。

老罗思柴尔德的夫人在去世前说过："如果我的儿子们不希望发生战争，那就不会有人热爱战争了。"

从法国大革命开始，金融资本处处无家胜有家，几乎所有战争的背后，都闪动着这些古老剑客的身影。

百年明日能几何？"历史只重复它自己"。

金融战役没有英雄，因为"资本"的歌声太血腥。

序　言

为什么法国在近代军队数量很多、训练很好、装备很先进、人才很优秀，却战败的时候居多？

为什么法国很轻易地就放弃了"法国货币，法郎"，而把发放信用的无上特权交给了"国际债权人"（也就是欧美垄断银行家族），而在国内根本就没有引起"民族资本"的强烈反对？

您可曾听说过"法郎"是"法兰西银行券"，是"外国"银行家的私有货币？

您想知道"法兰西银行"是什么时候建立的，又属于哪些银行家族吗？

您想知道"法兰西银行"是否属于法国人吗？

您想知道法国历史上出现过几个私有央行吗？

您想知道拥有法兰西银行的"二百家族"都是谁吗？

法国没有"民族资本"这个概念，一切经济命脉都控制在"二百家族"手中，这可能吗？

一些看过拙作金融战役学第一卷《货币长城》或世界金融战役史系列丛书前两卷《水城的泡沫——威尼斯金融战役史》、《海上马车夫——荷兰金融战役史》的读者都有一个疑问：为什么说"美元"和"欧元"是一回事？谁拥有"美元"？谁又拥有"欧元"？这是真实的吗？

欧洲国家为什么逐渐丧失了货币发行权？西方社会为什么逐渐接受了"独立央行"、"债务货币"、"赤字国债理论"，心甘情愿地给垄断银行家族缴纳一个以纸币总量为基数的"利息"？

本书将回顾法国如何丧失了"法郎"的发行权，奥地利银行家族，罗思柴尔德家族如何一步步拥有了法国的一切。您还将了解一些令人惊讶的事实。

目 录

第一章
欧洲金融中枢——古欧洲的
"高卢"与现代的"法国"

一、有"高卢雄鸡"之称的法国人是古代"高卢人"的后裔吗

(一)"古高卢人"与"古凯尔特人"

法国一直是欧洲金融的中枢,但人们常会问:"法国"是不是"高卢"?"法国人"是不是"高卢人"呢?这些问题如果不去界定,法国金融战役史就失去了历史源头,所以这是一个首先要提到的问题。

图片说明:有关古代欧洲,公元前的古高卢人的分布示意图。

这张图大多来自后人的猜测和"记忆",因为高卢没有文字,仅有一些"欧洲商人"用希腊语记录下来的高卢纪事,但仅限于商贸和借贷,古代高卢灭亡以后,高卢文明的原貌就湮没在历史中,无法再现了。图片中的"Celtica"是"凯尔特人"的意思(实际上此处是"古凯尔特人"),"Gallia"指的是"(古)高卢人",这是"高卢人"概念最开始"出现"时的真实写照,和"高卢文明"鼎盛时期有很大区别。"古高卢人"是"凯尔特人"的一个分支,"古高卢语"也是"古凯尔特语言的一个分支",也就是"方言",这是由于"阿尔卑斯山脉"的影响,也就是图右下方"Gallia"("高卢地区")文字上面"半圆形"的山脉。这种因为"山脉"导致"方言"和"文化"差异,逐渐形成"新民族"的现象,在人类文明的历史上屡见不鲜。

说起"古凯尔特人"就要说一个现象:许多人误以为法国人是"欧洲人",脑海里总是一个"金发碧眼"的轮廓。但实际上,法国人黑头发、黑眼睛的人很多,"金发碧眼"的人,在法国不到总人口的1%,而且越来越少。

大约公元前2700年,黄帝结束了黄帝、炎帝和蚩尤的分治局面,建立了华夏王朝(夏启并不是开国之君,他是华夏王朝的世袭皇帝,是黄帝的后裔,只是改国号叫"夏")。在我国古代的黄河流域,还有许多游牧民族,他们随着水草四处游牧,过着简朴而自给自足的生活。在这个过程中,也有一些游牧民族走得更远,就逐渐到了中亚。"古凯尔特人"就是中亚的一个游牧民族,他们大约在公元前(具体时间不明,有一说,是公元前2000年从中亚游牧而来,但实际上可能要晚得多,因为有关"高卢国"的正式记录在公元前168年)从中亚来到了今天的法国地区。他们中的一支向南跨越阿尔卑斯山脉,到了今意大利东北。此后,由于山脉阻隔,他们的语言和文化逐渐地自成体系,被人们称做"古高卢人"。

那个时期的欧洲地广人稀,"古凯尔特人"从亚洲游牧而来,不是一下子就到了今天的法国,而是经历了几个世纪的时间。当"古凯尔特人"到达欧洲的时候,这里除了希腊文明,大多处于原始社会。所以,"古凯尔特人"中的一支"古高卢人"就迅速地壮大了起来,建立了一个相对进步的文明体系和一些部落行政区,这对后来法国的影响很深远。

现代法国常自称"高卢雄鸡",原因在于古罗马帝国把包括今天法国的广大地区叫做"高卢"(Gallia),把高卢人叫做"Gallus",其在拉丁语里的另一个意思是"公鸡"。

（二）"古高卢文明"、"古罗马人"、"古日耳曼人"和"现代法国"

有关"高卢"的正式记录，来自古罗马政治家卡铜（Caton）在公元前168年的记录，这时"高卢地区"或者说"高卢国"已经进入了鼎盛时期。这个时期的"高卢国"（如果可以称"国"的话），究竟是"古凯尔特人"建立的，还是"古高卢人"建立的已不得而知。古欧洲的高卢地名，实际上由"两大地区"构成："山内高卢"（即阿尔卑斯山以南到卢比孔河流域之间的意大利北部地区）和"山外高卢"（即阿尔卑斯山经地中海北岸，连接比利牛斯山以北广大地区，相当于今日的法国、比利时及荷兰、卢森堡、瑞士和德国的一部分，这一地区通常也泛称高卢），这其实就是"古凯尔特人"穿越阿尔卑斯山所形成的两片"领土"。

由于"高卢"没有"建国"的历史文献留下来，所以可以把"古凯尔特人"和"古高卢人"看成是一个"古高卢地区"的两个部分（一般来说，并没有建立一个统一的"高卢国"，最多就是一个松散的"部落联盟"）。

古罗马从公元前2世纪末开始，用了大约不到100年的时间，逐渐灭亡了"高卢国"，完成了对"高卢地区"的统一，史称"Gallia Togata"，即"穿罗马长袍的高卢"。但这种"统一"和"占领"很难界定，因为"高卢国"本身就是一个"游牧部落"的概念。我们只能泛泛地说，大约从公元前1世纪中叶到西罗马灭亡（公元476年），"高卢地区"至少名义上属于罗马帝国。

"古罗马帝国"被"商人们"控制了，被迫实行了"四帝共治制"（就是把古罗马分为"东西罗马"然后用东西"两个皇帝"和两个"副帝"来管理，这毫无疑问地带来了帝国的分裂，也让古罗马帝国走上了衰亡的道路），而"高卢地区"属于"西罗马地区"。故西罗马帝国被"古日耳曼"部落联合灭亡后（这些"古日耳曼人"的武装实际上是所谓的"希腊商人"提供贷款维系的"西罗马帝国"的雇佣军），"高卢地区"实际上被"古日耳曼"武装占领，并成了"战场"或"殖民地"。

这个时期（公元476~486年），"古高卢国"早就成了历史，"高卢地区"也不存在统一的"高卢势力"，整个西欧地区一片混乱，打成了一锅粥。直到公元486年，来自东方的"法兰克族"（Francs，"古日耳曼人"的一支）首领克洛维一世（Clovis I）征服了在罗亚尔河（Loire）和索姆河（Somme）

之间的罗马领土，又将现在北部和中部法国地区纳入统治范围，建立了一个日耳曼国家（如果从"高卢文明"的意义来说，到此时基本"终结"了；如果从民族融合的层面来说，这是继"古高卢国"之后，第二个"法国阶段"——"日耳曼人阶段"。问题是：这些"古日耳曼邦国"与现代法国的关系，的确不如"古高卢国"更近。事实上一直到近代的第二次世界大战期间，法国人也把"日耳曼德国"看成是"入侵者"或"异族"，也就是说"民族融合"并没有实现，至少在文化、语言和精神层面，民族的差异性越来越大，而不是越来越小）。

这里有一个问题：到底什么时候"法国"再次出现了？如果把"古日耳曼邦国"也看做是"法国"，那么这个问题就不存在；如果把法国人看做"古高卢人"的延续，那么"日耳曼武装"建立的一些统治就不能简单算入法国的历史，实际上语言、文化也不同于今日的法国。

本书是法国金融战役史，不考证法国历史的演变，故列出一些公认的曾经在法国地区建立过政权的"法国王朝和政府"列表[这就不用考虑法国认同不认同，只是一种客观的历史存在（这些政权曾经统治过法国地区），不考证归属问题与"合法性"问题]：

1."上古时期的法国"

"史前的法国时期"

"凯尔特的古高卢时期"

罗马高卢（约公元前 50～486 年）

2."法兰克时期的法国"（即"古日耳曼邦国时期"）

法兰克帝国墨洛温王朝（486～751 年）

3."中古时期的法国"

卡洛林王朝（751～987 年）

法兰克帝国（751～800 年）

查理曼帝国（800～843 年）

西法兰克王国（843～987 年）

卡佩王朝（987～1328 年）

瓦卢瓦王朝（1328～1498 年）

4."人们熟悉的法国时期"（1492～1792 年）

瓦卢瓦·奥尔良王朝（1498～1515 年）

瓦卢瓦·昂古莱姆王朝（1515～1589 年）

波旁王朝（1589～1792 年）

法国大革命（1789～1799 年）

5."法国大革命以后的法国时期"

"第一共和国时期"（1792～1804 年）

"国民公会时期"（1792～1795 年）

"督政府时期"（1795～1799 年）

"执政府时期"（1799～1804 年）

"第一帝国时期"（1804～1814 年）

"波旁王朝第一次复辟时期"（1814～1815 年）

"第一帝国复辟时期"（1815 年）

"波旁王朝第二次复辟时期"（1815～1830 年）

"七月王朝"（1830～1848 年）

"二月革命时期"（1848 年）

"第二共和国时期"（1848～1852 年）

"第二帝国时期"（1852～1870 年）

"第三共和国"（1870～1940 年）

"巴黎公社"[1871.3.18（正式成立的日期为 1871 年 3 月 28 日）～1871.5.28]

"第二次世界大战时期的法国临时政府"（1939～1944 年）

"维希法国"（1940～1944 年）

"自由法国"（1940～1944 年）

6."第二次世界大战后的法国时期"（1944 年至今）

"临时共和政府时期"（1944～1946 年）

"第四共和国时期"（1946～1958 年）

"第五共和国时期"（1958 至今）

总结一下：法国的确是"古高卢文明"的继承者，不同于"古日耳曼文明"、"古希腊文明"、"古罗马文明"，是欧洲文明中独树一帜的一支，也是最古老的欧洲民族之一，和古代中国还颇有渊源。

二、"马赛港"、"高卢城邦"与商业资本

法国人引以为自豪的"古高卢文明"的确是法国文明的渊源。但建立古代"高卢城邦文明"的又是谁呢？法国以巴黎的浪漫而闻名于世，可法

国最早的城邦却不是巴黎（"巴黎地区"有人居住很早，但作为一个枢纽性的城邦，则要远远晚于马赛港。实际上一直到9世纪，巴黎才开始有城墙，这是巴黎市出现的重要标志；10世纪巴黎才第一次成了"首府"；11世纪才开始扩建），而是马赛。因为"古高卢文明"建立在阿尔卑斯山以南，地中海北岸，统治这个地区的是"古高卢游牧部落"，而建立着城邦文明的则是"商人资本"。据历史记载，马赛是"古希腊商人"[古希腊的福西亚人（Phocaean）]于公元前600年建立的一个贸易港。

图片说明：马赛（Marseille，英文也称 Marseilles）是法国第二大城市和第三大都会区（Metroplitan Area）。它位于地中海沿岸，是法国最大的商业港口，也是地中海最大的商业港口。近25%的马赛人口为北非血统，并拥有欧洲第三大的犹太社区。马赛曾经一直是欧洲跨国资本主导法国的"策源地"，"马赛人"一直是一支活跃的政治力量，深刻地的影响着法国的历史，故《马赛曲》也成了法国的国歌。

所以，有欧洲学者认为"古罗马"和"古希腊"故意贬低"古高卢文明"，这些学者认为"古高卢的繁荣不次于罗马文明"。但"古高卢人"充其量不过是游牧民族的经济发展水平（甚至连"高卢文字"都从来没有过），应该比"古希腊文明"和"古罗马文明"要落后一些。这种矛盾的认识，主要由于"马赛港"和一些"高卢地区"保存下来的用希腊文字写的"商业和借贷"文献记录。但这些不仅不能说明"古高卢文明"如何先进（虽然"古高卢文明"在当时也"并不落后"，仅仅稍落后于"古罗马文明"和"古希腊文明"，比"古日耳曼部落"要先进许多），反而说明了一个令人想不到的问题——"古高卢国"是欧洲跨国商业资本建立的一块"贸易飞地"（所以，"古高卢国"在意大利的北部，第一金融国家就是同属地中海沿岸的"威尼斯共和国"，这不是巧合。至少，我们无法相信一个连文字都没有的游牧部落文明能够建立一个贸易港口，并留下商业文献的历史记录，这是不可能的）。

一句话：法国的金融中心有一个从南往北转移的历史过程，其本质是从"地中海贸易"到"跨大西洋贸易"的转变，后者是和"大航海时代"与"北美海外领地"的建立紧密相关的，在时间上巴黎市的繁荣和发展远远落后于南部地中海沿岸的马赛港，就顺理成章了。

三、现代法国简介

图片说明：法国巴黎的埃菲尔铁塔，是著名的地标性建筑，巴黎市著名的景点。铁塔建成于 1889 年（1887 年 1 月 26 日动工，1889 年 5 月 15 日开放），为了庆祝法国大革命 100 周年和迎接巴黎世界博览会而建立。

现代法国的国土面积为 55.16 万平方千米。位于欧洲西部，与比利时、卢森堡、瑞士、德国、意大利、西班牙、安道尔、摩纳哥接壤，西北隔拉芒什海峡与英国相望，濒临北海、英吉利海峡、大西洋和地中海四大海域，地中海上的科西嘉岛是法国最大岛屿。地势东南高西北低。平原占总面积的 2/3。主要山脉有阿尔卑斯山脉、比利牛斯山脉、汝拉山脉等。法意边境的勃朗峰海拔 4810 米，为欧洲最高峰。河流主要有卢瓦尔河（1010 千米）、罗讷河（812 千米）、塞纳河（776 千米）。边境线总长度为 5695 千米，其中海岸线为 2700 千米，陆地线为 2800 千米，内河线为 195 千米。西部属海洋性温带阔叶林气候，南部属亚热带地中海式气候，中部和东部属大陆性气候。平均降水量从西北往东南由 600 毫米递增至 1000 毫米以上。法国现有人口 6430 万人（截至 2009 年 1 月 1 日），在欧盟各国中人口数量排名第二，仅次于德国。移民人口达到 490 万人，占全国总人口的 8.1%，通用法语。首都巴黎人口为 220.16 万人（截至 2009 年 1 月 1 日）。

（文献引用：法国概况. 新华网刊载：http://news.xinhuanet.com/ziliao/2002-06/13/content_438389.htm）

四、法国文化对古代欧洲各国有着巨大的影响力

（一）"凯尔特文化"对古代欧洲文化的影响

凯尔特人（拉丁文称"Celtae"或"Galli"，希腊文"Keltoi"）是公元前 2000 年活动在中欧的一些有着共同的文化和语言特质的有亲缘关系的民族的统称。在汉语出版物中，由于音译的关系，凯尔特人经常被译为盖尔特人、克尔特人、塞尔特人、居尔特人等。

今天"凯尔特文化"主要指不列颠群岛、法国布列塔尼地区语言和文化上与古代凯尔特人存在共同点的族群。这些族群在古代并不被其他民族当然地认为是凯尔特人。人们认为，欧洲大陆上的凯尔特部落和民族（如今天的比利时地区在古代欧洲也属于"高卢地区"）曾迁入不列颠地区和爱尔兰地区，对这些族群的形成有重要影响。

"凯尔特文化"，也就是"古高卢文化"，是法国人民的骄傲，在欧洲古代曾经有着举足轻重的地位。罗马帝国时代，"古高卢文明"已经扩展到了西欧大部分地区。以"凯尔特文化"为特征的"古高卢文明"也传到了不列颠岛。目前爱尔兰人、威尔士人、高地苏格兰人（苏格兰盖尔人）和布列塔尼人还在使用"凯尔特语"的多种"分支"（包括爱尔兰语、威尔士语、苏格兰盖尔语和布列塔尼语）。早期的苏格兰人很可能也是说凯尔特语的，后来逐渐成为了一个以英语为母语的民族。尽管如此，在当今的苏格兰地区，凯尔特语言文化的痕迹仍然处处可见。

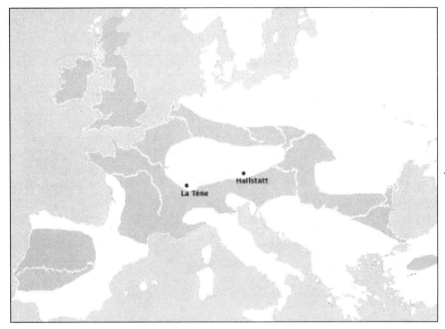

图片说明：这是一张"凯尔特文化"在古代欧洲传播的示意图。从中可以看出"凯尔特文化"（"古高卢文明"）对欧洲的影响力，不仅仅局限于今天的法国地区。

（二）法国在欧洲历史中有着举足轻重的地位

在《水城的泡沫——威尼斯金融战役史》中，讲述过统治欧亚非广大地区的罗马帝国，就是被法国军队摧毁的（虽然表面上还在"威尼斯银行家"的支持下苟延残喘了一段时间，也建立了一些"名义上的继承小国"，但实际上罗马帝国被法国军队打垮了）。罗马帝国的挑战者固然很多，但灭亡一个曾经占据统治地位的旧帝国的军队，往往来自一个"新的帝国"，一个"冉冉上升"的"新帝国"。

有趣的是：法国虽然是欧洲金融资本的"重镇"，但一直不是金融国家，甚至一直是跨国垄断银行家族打击、渗透和制约的"重点对象"。这里面的道理很简单——法国在欧洲是个有影响力的大国，也有着统一欧洲的潜力，银行家对法国只是利用，从来就不信任。

五、圆明园、雨果（古典共济会成员）和瓦索涅侯爵艾利·让将军

图片说明：人类文化的瑰宝，号称"万园之园"的圆明园，被"英法联军"（1860年）和"八国联军"（1900年）先后两次抢劫，并纵火焚毁，目前仅留下一片瓦砾。中国人民和世界人民，一切热爱和平、反对侵略的善良人们都永远不能忘记这一幕。

1861年，当雨果得知英法侵略者纵火焚烧了圆明园后发出了满腔义愤。他义正词严地写道："法兰西帝国从这次胜利中获得了一半赃物，现在它又天真得仿佛自己就是真正的物主似的，将圆明园辉煌的掠夺物拿出来展览。我渴望有朝一日法国能摆脱重负，清洗罪责，把这些财富还给被劫掠的中国。"（文献引用：法国概况. 新华网刊载：http://news.xinhuanet.com/ziliao/2002-06/13/content_438389.htm）

后面要提及一个问题：雨果这样说是为了反对当时的拿破仑三世，雨果是古典共济会的成员，拿破仑三世是现代共济会的成员，两个集团在争夺欧洲主导权的问题上水火不容，不能简单地看待雨果的"公道话"。

"火烧圆明园"，这是人们说惯了的一个提法。其实，火烧圆明园的真正概念，不仅是火烧圆明园，而是火烧京西皇家三山五园。焚毁的范围远远比圆明园大得多。这"三山五园"是：万寿山、玉泉山、香山"三山"，清漪园、圆明园、畅春园、静明园、静宜园"五园"。

历史上法国侵略军火烧圆明园曾经有两次。第一次火烧圆明园是清咸

丰10年（1860年），"英法联军"入侵北京。他们到处烧杀抢掠、野蛮洗劫，焚毁了举世闻名的圆明园，园内寺庙建筑也大多毁于大火。"英法联军"火烧圆明园时，本意是将其夷为平地，但是由于圆明园园子的面积太大，景点分散，而且水域辽阔，一些偏僻之处和水中景点幸免于难。据同治12年（1873年）冬查勘，园内尚存有建筑13处。如圆明园的蓬岛瑶台、藏舟坞，绮春园的大宫门、正觉寺等。第二次"火烧圆明园"是清光绪26年（1900年），"法国"再次参与"八国联军"入侵北京，第二次"火烧圆明园"，使这里残存的13处皇家宫殿建筑又遭掠夺焚劫，这次"八国联军"实际上抢劫的范围包括了整个京津地区和更加广阔的地域，奸淫烧杀、无恶不作。

2009年4月29日法国博桑·勒费福尔拍卖行（Beaussant Lefevre）在巴黎德卢尔饭店公开拍卖法国瓦索涅侯爵艾利·让将军（"英法联军火烧圆明园的1860年，艾利·让正是法军驻扎在大沽军营的指挥官，并率领部队攻入北京。艾利·让在当年的1860年11月7日被晋升为准将"）的"遗产"——"中国皇家玉玺"（参考文献：郑若麟．圆明园遭掠夺文物又将在法拍卖·遭质疑．新华网刊载：http://news.xinhuanet.com/collection/2009-04/28/content_11270475.htm）

图片说明："这件玉玺印章大小为9厘米×10厘米，上雕双龙，刻有"九洲清安之宝"字样。据拍卖行"精通中国文化"的文物鉴定师蒂耶利·波尔蒂埃判断，这枚印章原藏于圆明园，创作于乾隆年间，是皇家玉玺。"

六、现代法国经济在世界经济中的地位

法国经济发达，国内生产总值居世界前列。主要工业有矿业、冶金、钢铁、汽车制造、造船、机械制造、纺织、化学、电器、动力、日常消费

品、食品加工和建筑业等。核能、石油化工、海洋开发、航空和宇航等新兴工业近年来发展较快，在工业产值中所占比重不断提高。核电设备能力、石油和石油加工技术居世界第二位，仅次于美国；航空和宇航工业仅次于美国和独联体，居世界第三位；钢铁工业、纺织业占世界第六位。但工业中占主导地位的仍是传统的工业部门，其中钢铁、汽车、建筑为三大支柱。工业在国民经济中的比重有逐步减少的趋势。

第三产业在法国经济中所占比重逐年上升。其中电信、信息、旅游服务和交通运输部门业务量增幅较大，服务业从业人员约占总劳动力的70%。法国商业较为发达，创收最多的是食品销售，在种类繁多的商店中，超级市场和连锁店最具活力，几乎占全部商业活动的一半。

法国铁矿蕴藏量约为10亿吨，但品位低、开采成本高，所需的铁矿石大部分依赖进口，煤储量已近枯竭。铝土矿储量约0.9亿吨。有色金属储量很少，几乎全部依赖进口。石油储量只有0.3亿吨左右。天然气储量2500亿立方米，所需石油的99%、天然气的75%依赖进口。能源主要依靠核能，水力资源和地热的开发利用比较充分。森林面积占欧盟森林总面积的21.1%，森林覆盖率为28.2%。

法国是欧盟最大的农业生产国，也是世界主要农副产品出口国。粮食产量占全欧洲粮食产量的1/3，农产品出口仅次于美国居世界第2位。随着法国人口城市化，农村人口不断减少。法国农业的传统地区结构为：中北部地区是谷物、油料、蔬菜、甜菜的主产区，西部和山区为饲料作物主产区，地中海沿岸和西南部地区为多年生作物（葡萄、水果）的主产区。机械化是法国提高农业生产率的主要手段，法国已基本实现了农业机械化。农业食品加工业是法国外贸出口获取顺差的支柱产业之一。欧洲前100家农业食品工业集团有24家在法国，世界前100家农业食品工业集团有7家在法国。

法国是世界著名的旅游国，平均每年接待外国游客0.7亿人次，超过本国人口。首都巴黎、地中海和大西洋沿岸的风景区及阿尔卑斯山区都是旅游胜地，此外还有一些历史名城、卢瓦尔河畔的古堡群、布列塔尼和诺曼底的渔村、科西嘉岛等。法国一些著名的博物馆收藏着世界文化的宝贵遗产。

法国是世界贸易大国，其对外贸易有两个特点：

1.进口大于出口，造成贸易逆差。进口商品主要有能源和工业原料等，出口商品主要有机械、汽车、化工产品、钢铁、农产品、食品、服装、化妆品和军火等，法国葡萄酒享誉全球，酒类出口占世界出口的一半。法国时装、法国大餐、法国香水都在世界上闻名遐迩。

2. 非产品化的技术出口增长较快，纯技术出口在整个出口贸易中的地位日益显要。"法国葡萄酒王国地位难保 历史悠久的法国咖啡文化 法式烹饪要'申遗'"（文献引用：法国概况. 新华网刊载：http://news. xinhuanet. com/ziliao/2002-06/13/content_438389. htm）。

七、古代法国的金融与货币体制

（一）第一次纸币尝试——银行家"约翰·劳"的骗局

有关银行家"约翰·劳"对法国金融货币大权的秘密取得以及法国第一家私有独立央行"法国皇家银行"的覆灭，是一个错综复杂的历史事件（有关详情请参看拙作《货币长城》），这里想介绍一些"小事"，由此可以看出古代欧洲金融僭主体制内部的斗争与银行家族脱离法律管理的无上特权，了解这些历史，有助于理解什么是金融贵族体制，什么是金融僭主体制。

1. 银行家约翰·劳的杀人与越狱

银行家约翰·劳的说法并不完整，这个欧洲历史上臭名昭著的银行家，还是一个杀人犯、越狱犯、死刑犯。约翰·劳是一个世袭银行家族的子弟，他有着超人的天赋，也有着银行家族的一切恶行。对于一个银行家族的继承者来说，找一些风月女子不成问题，但找别人的女友可能比较"刺激"。大约在 1697 年，26 岁的苏格兰银行家约翰·劳在伦敦调戏青年威尔逊的女友，然后在"决斗"中，麻利地捅死了威尔逊。这件事激起了民愤，有许多证人在场，他被愤怒的人们当场抓住，然后交给了警察。伦敦警方深知这是一次骇人听闻的犯罪，又铁证如山，约翰·劳也供认不讳，所以就立刻把他收押了。当时约翰·劳这种公开调戏女子挑衅在先，又杀死他人的恶性案件并不多见，而且约翰·劳的银行家身份又引起了公愤。伦敦法院迫于公众压力立刻开始了公开审判，并且把约翰·劳与 26 名重罪犯在一起审判。由于铁证如山，证人证物证言都对约翰·劳不利，法官感觉无奈，就想让约翰·劳自己"事实的陈述"，无法得知法官的真实用意，但这无疑是一个让约翰·劳自我开脱的好机会。但银行家约翰·劳根本就没有把法律放在眼里，公开承认了一切指控，笑嘻嘻地面对受害者的哥哥毫无愧疚，连一句道歉的话都没有。

这个案件导致伦敦舆论一片哗然，法院压力很大，不得不在 3 天后作出了约翰·劳的死刑判决（包括一起同时审判的强奸犯等）——判处杀人犯约翰·劳绞刑。

如果说，这个判决执行了，哪怕是"缓期"了，都算是有一点点的公正。但实际上，很快就有"传言"银行家约翰·劳即将被改判"过失杀人"（罚款了事）。接下来更是公正女神蒙面午睡的一幕：就在受害者威尔逊的家人四处鸣冤、"案子悬而未决之时"，约翰·劳"逃出了警戒森严的伦敦死刑犯监狱"，跑到欧洲逍遥自在去了。由于没有经过"释放"或任何"合法手续"，银行家约翰·劳是一个逃狱的死刑犯。

2. 法国的第一个私有央行——法国皇家银行

约翰·劳建立了法国第一个独立央行和债务货币体系，在美国建立了第一个私有独立央行，并发行了第一种"跨国私有垄断信用体系"，即"国际债权人体系"。马克思在《资本论》"信用在资本主义生产中的作用"一章中，深刻地指出："信用制度加速了生产力的物质上的发展和世界市场的形成；使这二者作为新生产形式的物质基础发展到一定的高度，是资本主义生产方式的历史使命。同时，信用加速了这种矛盾的暴力的爆发，即危机，因而加强了旧生产方式解体的各种要素。信用制度固有的二重性质是：一方面，把资本主义生产的动力——用剥削别人劳动的办法来发财致富——发展成为最纯粹最巨大的赌博欺诈制度，并且使剥削社会财富的少数人的人数越来越减少；另一方面，又是转到一种新生产方式的过渡形式。正是这种二重性质，使信用的主要宣扬者，从约翰·劳到伊萨克·贝列拉，都具有这样一种有趣的混合性质：既是骗子又是预言家。"（马克思著，中央编译局译.资本论（第 3 卷，499 页）.北京：人民出版社.1975）。

3. 银行家约翰·劳与"信用悖论"骗局

银行家约翰·劳第一次用虚拟经济震撼了法国（也包括北美），也震撼了历史。他留下了"22 亿利弗尔的银行券和面值为 0.25 亿利弗尔的 125000 股股票"（[美]查尔斯·P.金德尔伯格著，徐子健，何建雄，朱忠等译.西欧金融史.北京：中国金融出版社.2007），这是一笔"不存在的虚拟债务"，"22 亿利弗尔"是个什么概念呢？为什么说："这是虚拟债务呢？"这里的利弗尔金币，不一定就是古代欧洲流通的利弗尔金币，当时人们把 1360

年国王约翰二世铸造的一种法郎金币（和后来的仿制品，这种法郎金币不等同于 19 世纪"法郎"的含金量，不是一回事）也称做"利弗尔"，因为这些金币的含金量都是 3.88 克。

"22 亿利弗尔"约等于 8536 吨纯金（利弗尔主要指银币），这笔"债务"根本就没有发生过，法国政府却被迫"归还"，以至于"实际破产"了。持有最多利弗尔纸币的"受害者"恰恰就是"国际债权人"，这就涉及一个复杂到可怕的问题：约翰·劳"失败"了吗？

约翰·劳在初期的"错误"在于"试图贪婪地独自建立一个横跨大西洋的私人信用体系"，成了其他跨国银行家族的众矢之的，但后期约翰·劳承认失败，联合欧洲的跨国垄断银行家族，狠狠地敲诈了法国政府一笔。这无疑给古代法国的货币和金融体系造成了严重的损害。"约翰·劳时期法国的经历是这样的，在那以后的 150 年中，法国人民甚至不愿说'银行'这个词——这是一个留在集体金融记忆中的事物的典型例子。1800 年创立的法兰西银行是个例外。但除此以外，银行机构典型地被称为 Caisse（原意为'金库、钱柜'——译者注）、Crédit（原意为'信贷'——译者注）、Société（意思是'公司、会社'——译者注）或 Comptoir（原意为'账房'——译者注），而不是银行。"（［美］查尔斯·P·金德尔伯格著，徐子健，何建雄，朱忠等译.西欧金融史.北京：中国金融出版社.2007）

有的读者会提出这样一个问题：为什么"独立央行"体制一定会让"国际债权人"控制"本国"信用呢？（自己国家的"剩余资本"为什么不能用来支持货币发行呢？）这里的原因在于，约翰·劳等银行家使用的"独立央行理论"制造了一个"信用悖论"。从表面上来说，似乎"本国债权人"和"国际债权人"拥有同样的主导、认购国债而发行信用的能力和资格，并且秉承"赤字国债理论"开始阶段大多是"国内债权人"拥有"本国债务"。

但实际上，发行"国债"的目的逐渐变成了"发行货币"，因为"独立央行理论"是不承认"虚拟经济学"所提出"预发行货币余量"这个概念的，每年国民经济的发展所需要不断增大的货币部分就必须由"债务"来形成，"国内债权人"不可能有足够的"本国剩余信用"来持续制造还不存在的"信用"（用"本国"货币购买"本国国债"制造本国来年经济增长所需要预发行货币余量，这无疑会让增发货币的意义消失，"预发行货币余量"不可能得以实现，也就引发了"无法解释"的通货紧缩型经济危机，实际上却常表现为"国债无人购买，本国赤字无法弥补"。其实很简单：一个国家经济只要不断发展，必须存在"预发行货币余量"，政府赤字必须存在，且不能以债务形态积蓄。否则，只要经济增长低于债务利息0.1个百分点，几百年以后，需支付给"国际债权人"的债务利息会超过国民生产总值无数倍……），必须由"国际债权人"来注入"国际信用"这个国家才能繁荣，反之一定会陷入"信用紧缩型金融危机"，这就是"独立央行体制"、"赤字国债理论"和"债务货币制度"的根本秘密——**"信用悖论"**。也称信用骗局，即把信用当做资本来牟利，并用信用符号创造新的信用符号，以此来左右实体经济的发展。

所以，国际银行家约翰·劳从一开始就是要狠狠地坑法国一下子，约翰·劳是个骗子不假，骗局是否"失败"了，却是法国金融战役史中的谜案了……

（二）古代法国的"副本位体制"与法国没有成为金融国家的历史之谜

1. "金币"与"金融国家"

古代法国的金融体制很复杂和独特，不谈"纸币"，单就金属币，就有很多种，包括铜币、金币、银币，并且使用都很广泛。但法国实际上使用的是"银本位体制"，而不是"金本位体制"。

欧洲古代之所以出现了"金融国家"，关键在于跨国垄断银行家族的出现。这些世袭家族"垄断"的是什么？答案很简单：黄金。"货币"并不一定非要和"金元素"等同，比如法国实际上选择了数量更多的"白银"，中国古代实际上是"铜本位"（金银成了"大面额"的货币，但表示的却是"铜币"的多少）。这样银行家族就很难在法国实现"垄断"。

这不是银行家族对古代法国的渗透和主导太弱了，恰恰相反：由于美第奇银行等直接在古代法国建立了金融僭主体系，他们需要的是一个"不引起社会反弹"的金融体制。古代法国经济体很强大（这是在欧洲各国中比较），人们需要"更多的货币"，也就选择了"白银"、"黄金"、"铜"三种金属币，这让法国经济比其他欧洲各国稍好一点，至少通货紧缩不那么严重。换句话说，美第奇银行根本就不需要把法国变成一个金融国家，只要巩固在法国的金融僭主体制就可以了。

人们并不知道的是法国的中央银行——法兰西银行不是国有的，是跨国银行家族建立的股份制私有银行，控制了法国的一切信用和财富。

实际上,约翰·劳的"失败"还包含了欧洲古代的跨国银行家族内部两条道路的斗争:一条是约翰·劳为代表的"在法国实施全面主导的策略"(包括搞"特许公司"、"银行军队"等传统手段,约翰·劳对这些"传统策略"一直没有抛下,是个"不忘传统,又走到了时间前面的骗子")的道路;另一条是"控制法国信用体系",不建立全面的金融国家体制,以避免来自法国上层的强烈反对。

事实上这两条道路都没有走通,直到"法国大革命"之后,"一切才得以解决",后面要专门提及。

2. 古代法国的"复本位体制"

18 世纪的法国的"主要货币"是白银,而不是黄金(虽然人们接受黄金,但金币价格太高,用来流通就好比"用 1000 元的支票来买 1 根冰棍",很不方便)。

但是 18 世纪的欧洲却是一个"黄金"的时代,甚至可以说欧洲的经济史就是一部"黄金的历史"。所以,法国就必须制定出明确的"黄金与白银的兑换比率",并予以承兑。1726 年,法国政府规定:"14.625 克白银=1克黄金",这是古代欧洲比较严谨的白银黄金兑换比率,因为法国政府予以承兑,可以看做是研究这一段时间欧洲金融战役史中,一些"财富"实际价值的标尺之一。

1790 年以后,也就是"法兰西银行"建立之前,稍有调整,逐渐向"15.5克白银=1 克黄金"过渡,这对于法国人民影响不大。真正的金融战役发生在国际银行家在法国建立了私有央行"法兰西银行"(1800 年)之后的1803 年,银行家炮制了一个"芽月十七日法案"(1793 年 10 月 5 日,法国国民公会通过决议,决定在法国实行共和历,规定 1792 年 9 月 22 日为共和元年元旦。共和历的 12 个月的名称依次是:葡月,雾月,霜月,雪月,雨月,风月,芽月,花月,牧月,获月,热月,果月,故"芽月 17 日",即"4 月 7 日")规定:"法郎含金量为 0.3225 克,含银量为 4.5 克。"("13.9535克白银≈1克黄金",这个金银兑换率的变化不是很大,秘密在于:古代金币法郎的含金量为 3.88 克)。

第二章

兴风作浪的银行家

一、法国第一次建立"独立央行",放弃国家货币发行权的时间、背景与原因

（一）法王路易十四被银行家打败了

法国国王路易十四（1638.9.5～1715.9.1），史称"太阳王"是法国历史上的一代明君。可以说毕生与银行家进行殊死的斗争，但他死后却留下了一个法国建立"独立央行"的"必然性"。这么说不是很矛盾吗？路易十四又犯了什么错误，导致了这个可怕的后果呢？

1."独立央行"的惨痛后果——法国主权的丧失

古代欧洲，各国普遍有完善的金融、财政管理体系，根本就不需要建立一个"独立央行"，更不需要由政府信用作抵押，由"独立央行"发行纸币来"弥补财政赤字"（这是当时欧洲各国建立"独立央行"的"普遍性理由"，但荒谬的问题在于：各国政府既然用政府信用，也就是税收抵押，为什么不自行发行纸币，而要求助于"国际债权人"呢？这是如假包换的金融战役，而不是正常的资本逻辑）。

欧洲各国的独立央行系统一直由"独立央行董事会"管理，这些董事会又由跨国垄断银行家族的历代金融僭主幕后实施管理，金融僭主以"国际债权人"的模式管理并拥有着欧洲各国的独立央行和"政府货币"，实际上也就拥有了一切"信用符号"，成了"钱的世界"的神。

一个古代欧洲国家一旦建立了"独立央行"，也就丧失了一切货币、金融、财政、经济的主导权，国家的主权也就逐渐丧失了，逐渐由跨国银行家族主导，成了一个听命于金融僭主体制的"前台政权"。这就是"独立央行"制度的危害和可怕所在。

2.路易十四犯的第一个错误：盲目抵制新生事物——纸币

路易十四作为一个深谙金融风险的法国君主，他动用国家政权，坚决

地打击跨国金融资本，但却没有意识到他自己正在重复一个古罗马君主重复过的致命错误——"通货紧缩型金融危机"，这是由银行家蓄意制造的一个历史性的骗局，对欧洲古代影响巨大，意义深远。

法国使用银币和金币，但主要的交易媒介是银币。但白银的总量有限，又被银行家垄断，法国经济发展缺乏足够的虚拟信用符号，结果就陷入了经济危机。此时，路易十四犯了第一个严重的错误，他排斥国际银行家族对法国的主导是对的，但法国此时最需要的是以政府信用为依托，以强制推行为手段，发行纸币信用来缓解"隐性通货紧缩型金融危机"。但路易十四过度反感银行家族的一切"发明"，没有弄懂一个"为我所用"的问题，让法国经济陷入了一个要么对外发动战争"取得"白银输入，要么经济受限于金属币总量而陷入停顿或衰退的两难局面。

3. 路易十四犯的第二个错误：用债务弥补赤字，落入了银行家的债务陷阱无力自拔

路易十四去世的时候，嘱托后人"不要像我那样乱花钱"。这说明路易十四虽然已经认识到，法国的经济危机已经铸成且不可逆转，但到死也没有认识到法国的"债务危机"具有必然性——也就是说，只要实施金属币本位，就必须不断地借入金属币来弥补经济增长所需的货币缺口，否则就要陷入通货紧缩。所以，这种债务具有不可避免的特征。

路易十四去世时（1715 年）的法国"金融崩溃"的实质（单位：利弗尔）

法国年财政收入	约 1.45 亿
法国年财政支出	约 1.42 亿
法国年财政盈余	约 0.03 亿
法国欠国际银行家的债务总量	约 20 亿
法国向银行家借贷的平均利率	约 4.5%
法国每年向银行家支付的利息	约 0.9 亿
法国财政年亏损	约 0.87 亿
法国政府每年必须借入的新债	约 0.87 亿
法国年财政收入与债务比	约 14 倍

表格中的数据来源：（〔美〕拉斯·特维德著，董裕平译.逃不开的经济周期.北京：中信出版社.2008）.

从这张简表可以看出，法国路易十四时期的财政状况特别的好，甚至

还有盈余。但法国政府每年却必须向国际银行家族借入 0.87 亿利弗尔来支付"利息"，这个利息又在下一年转变成了新的债务，其规模已经逐渐逼近法国政府的年财政收入。此时，法国政府成了欧洲跨国垄断银行家族向法国各阶层收取"垄断税"的傀儡，金融僭主体系成功地发动了一场典型的"高利贷金融战役"，摧毁了法国的金融与财政平衡，凭空主导了一切财富和权力。这种金融战役在当时很常见，并且非常"单纯"，就是银行家族依靠"白银和黄金"的贵金属垄断，制造欧洲各国的通货紧缩，然后逐年借贷，提供信用，让各国逐渐陷入银行家族的债务控制，然后他们就提出"新的建议"——建立"独立央行"体系。

所以，路易十四被跨国银行家族打败了，而且自己一直没有弄懂这是怎么回事。他误以为通过节俭可以减少债务压力，可"节俭"只会导致法国出现更加严峻的"通货紧缩型经济危机"，选择"增加债务"则至少可以避免眼前出现"政治危机"，这就是"债务不断增长"的肮脏秘密。

（二）英国银行家约翰·劳在法国建立了独立央行和债务货币体制

一个英国银行家，跨国控制了法国的信用，就等于**外国银行家族拥有了一切可以用这个信用来衡量（也就是购买）的法国财富**，而"抵押品"却是"法国政府的信用"和"法国人民的劳动"，这不是一场荒唐无比的闹剧吗？

1. "法国政府"是不是"被欺骗了"呢

英国银行家约翰·劳并没有欺骗"法国政府"，恰恰相反，约翰·劳很有可能"坦率"地与"法国政府"中所有"有价值的人"有过一番"直截了当的长谈"，其内容就是"出卖法国民族利益，换取个人利益"。具体来说，如果此时"法国政府"开始发行"法币利弗尔"，则可以一举归还一切债务，然后通过纸币利弗尔的有计划贬值，逐渐在一个新的兑换率上站住脚跟，然后法国经济就能飞速地发展起来，纸币利弗尔也会有足够的硬币支持。

图片说明：英国垄断银行世家约翰·劳，一度成功地在法国和北美建立了由他的家族控股的独立央行（法国皇家银行）和债务货币制度（纸币利弗尔），比美联储早了197年，被马克思评价为："既是骗子，又是预言家。"

这个贬值只要有 90%，就足以应对一切 "问题" 了。事实上此时法国利弗尔（"古金属币法郎"）的含金量是 3.88 克，1928 年 6 月由国际银行家建立的股份制银行——法国第三个独立央行"法兰西银行"发行的"纸币法郎"的含金量只有 0.0655 克。也就是说：法国货币发行权被外国银行家族主导以后，这个所谓的"法国法郎"一直在持续贬值，并没有真正做到"坚挺"，贬值所带来的"财富转移效应"，让国际银行家族逐渐垄断的法国的核心产业，却没花一分钱（法国的债务再也没有减少过，直到今天）。

但如果勾结国际银行家约翰·劳建立一个"股份制独立央行"，发行纸币法郎的"空前利润"，就可以由"董事会的世袭股东"永久分享了，这就是英国银行家约翰·劳一举控制了法国信用的秘密——不是欺骗，而是"坦率"。

这个出卖了法国民族利益的小集团都有谁呢？这是欧洲古代金融战役史上，颇耐人寻味的一幕。名单应该包括：法国诺法耶公爵（"法国财政理事会"负责人）、法国摄政王奥尔良公爵和另外两个神秘人物，身份不详。因为在 1715 年 10 月 "法国政府" 秘密成立了一个 "特别理事会"，经过秘密投票，有 4 票赞成、8 票反对组建由外国银行家约翰·劳控股的央行计划。这说明当时 "法国政府" 上层对 "独立央行" 这个问题是清醒的和反对的。但 1716 年 5 月，"法国政府特别理事会"依然"秘密通过"了由外国银行家族控制法国信用供给的秘密计划。法国第一个独立央行"法国通用银行"（也就是后来的"法国皇家银行"）在 1716 年 6 月敲锣打鼓地开张了！

法国第一家央行的董事会名单中除了英国银行家约翰·劳，可能还包括跨国垄断银行家赛缪尔·伯纳德、法国金融官员德马·雷茨、法国诺法耶公爵、法国摄政王奥尔良公爵和 1716 年秘密成立的"法国政府特别理事会"的成员，也许还包括一些权贵和皇室，这就不得而知了。这份诡异的、肮脏的卖国名单，应该还保存在法国某个尘封中的历史档案馆，如果没有被秘密销毁的话。

这是一个赤裸裸出卖法国主权和民族根本利益的肮脏协议，出卖了法国一切阶层的所有利益，直接导致了后来"法币利弗尔"和"法国信用"在欧洲和北美的突然崩溃，史称"密西西比泡沫"，这是人性的泡沫、贪婪的泡沫！

2．"法国通用银行"和其所发行的"法国法郎"的性质

如果仅仅是跨国银行家族私自铸造一些法郎金属币，只能说法国财政虚弱，而不能过分谴责银行家族。为什么说，这一纸协议是肮脏的卖国条约呢？主要表现在这几个方面：

（1）"法国政府"从此丧失了金融、货币、预算、财政权力，跨国垄断金融资本一举夺得了法国的最高权力，英国银行家约翰·劳不仅是"法国第一央行·法国皇家银行"（原法国通用银行）的行长，还兼任了法国的财政部长，并且通过"法国东印度公司"（1664～1769 年）和"西方公司"（1718～1720 年）等特许公司，"合法"地控制了法国的海外领地，并拥有了军事权、铸币权、贸易权、征税权等一切特权，架空了"法国政府"。

（2）英国银行约翰·劳把"社会信用"天才地变成了一种"商品"予以操纵和控制，并组建了一个金融卡特尔专门以此牟利，这就是"法国第一央行·法国通用银行"。这个跨国股份制"银行"，什么也没有，仅仅是一个打着"法国政府"名义的皮包公司，他们用"法国政府"的名义发行"法国法郎"，实际上不过是一文不值的私人票据，至少发行了几十亿利弗尔，等于把法国各阶层所有的财富席卷一空，然后制造了空前的大破产！问题是银行家并没有破产，他们发了一笔不可想象的横财，完成了一次不可能通过合法手段完成的资本积累，将法国人民祖祖辈辈的一切财富，一

次性弄到了个人手中，为建立"法国第三央行·法兰西银行"完成了资本积累。这个资本积累的过程，不仅是一次完美的金融战役，也是一次肮脏的抢劫，是跨国银行家族对法国人民犯下的不可饶恕的罪行（还包括"北美地区"的受害者，后期仅起诉的大债权人就有 55 万人，受害人之多不计其数，无数人的毕生积蓄和财富化为乌有）。

（3）"法国通用银行"发行的"法币利弗尔"，之所以开始被法国和欧洲等地的人们接受，绝不是由于英国银行家约翰·劳这个被判绞刑后神秘越狱的罪犯有多么高明的手段和"信誉"，而是这些"纸"，附着了"法国政府"的信誉和"法国各阶层的税收担保"。换句话说，"法国政府"根本就不需要建立一个外国银行家族"控股"的"独立央行"来发行"法国法郎"，只需要自己国家的财政部予以发行即可。唯一的不同在于："法国政府"发行货币是法国各阶层受益，"法国通用银行"发行"货币"是这个"跨国股份制金融卡特尔"的世袭股东个人受益。

对于约翰·劳代表的欧洲跨国垄断金融资本来说，这是一场针对法国的金融战役，对于"法国政府"中参与这个"法国通用银行"筹建的"世袭股东"，则是"联合外国银行家族，出卖法国主权和法国民族的根本利益"。

（4）"密西西比泡沫"导致了法国经济、金融、社会的总崩溃，后果严重、影响极为深远，对法国民族经济的打击是致命的，法国民族经济从此一蹶不振，再也没有恢复起来。

（5）参与建立"法国通用银行"的人们对此事的"意义和内涵"，均一清二楚。

3. 通过一个事件看当时法国人民、法国社会是如何看待英国银行家约翰·劳和"法国皇家银行"

银行家约翰·劳在 1718 年实际上把"西方公司"（北美第一家独立央行，独家控股，包括他的兄弟、银行家理查德·坎蒂隆和一些"法国通用银行"的股东）和"法国皇家银行"（他将"法国通用银行"改名为"法国皇家银行"）实际上进行了"改组合并"，建立了人类历史上第一家跨大西洋的"独立央行系统"，相当于美联储和欧洲央行合并后的机构，所以他的确是一个"预言家"。

"由于社会动荡的不断升级和反抗的威胁，仅仅过了一个星期，到1720 年 5 月 27 日，皇家银行暂停支付金属硬币，而约翰·劳也被解除了职务。然而，这天晚上，大公派人去请劳，他从一个秘道进了王宫。大公竭尽所能地安抚劳，说劳这次成为众矢之的，被民众憎恨，是如何不公平。过了两天，他邀请劳去歌剧院看演出，劳还带着家人一起来，好让每个人都看到他们一家人和大公在一起。但是，这对劳来讲，几乎是一个致命的错误。他的马车刚到家门口，就遭到了民众用石头进行的袭击。车夫驾着车迅速躲进了大门，佣人随即把门"砰"地关上，劳才免遭皮肉之苦。劳受了惊吓之后，大公派了一队瑞士卫兵日夜驻扎在劳的宅子里。即使这样，劳还是感觉不安全。很快，他搬进了王宫，和大公享受同样的保护。"（[美]拉斯·特维德著，董裕平译.逃不开的经济周期.北京：中信出版社.2008）。

图片说明：法国摄政王（1701～1723年）奥尔良公爵"腓力二世"（1677～1749）。他联合英国银行家约翰·劳建立了"法国第一央行·法国通用银行"，后改名为"法国皇家银行"（包括了"法国北美领地"的"西方公司"，是一个跨大西洋的金融卡特尔），创造了法国历史上第一次用"法国政府名义"发行"国际债权人"控制的债务货币，也就是"私人货币"——"纸币利弗尔"的"壮举"。1720年，这些"货币"和"西方公司"的"股票"（实际也是货币）变成废纸一样，法国经济遭到了毁灭性的打击，法国各阶层的财产被跨国银行家族劫掠一空。这个事件史称"密西西比泡沫"。

法国各阶层在1720年已经明确地看到了英国银行家约翰·劳建立了"法国第一央行·法国皇家银行"（原"法国通用银行"和"西方公司"的混合体，实际是两个皮包公司）和其所发行的"法国法郎"的真实含义！

财产被剥夺一空的法国各阶层愤怒到了极点，"大公"（也就是掌握当时法国实际政权"法国摄政王奥尔良公爵"），却把英国银行家接进了王宫，"和大公享受同样的保护"。

这说明了一个问题："法国皇家银行"、"西方公司"的总破产，也就是历史上臭名昭著的"密西西比泡沫"并没有让"世袭股东们"受到实际的损害，他们不但不恨英国银行家约翰·劳，可能还感激不尽！因为，法国各阶层固然被外国银行家族发动的金融战役洗劫一空，举国声讨，但"法国皇家银行"的"董事会成员"从此富甲天下，用银行家吃剩的"法国经济的尸体残渣"填饱了肚皮，从此成了欧洲跨国垄断金融资本中的"富裕的龙套阶层"，"大公"才把外国银行家约翰·劳奉若神明，恭敬备至，就像是对待"财神爷"一般。

这肮脏、荒诞的一幕，是欧洲古典金融战役中上演了无数次的戏码，令人欷歔不已。这些"外围银行家族"在此后的时间中，逐渐被清理和消灭，最终没有留下什么痕迹……

（三）"法国第一央行" 的 "破坏者" 是谁呢

首先，是不是有"破坏者"，或者说他们是不是叫做"亲密战友"，都是很难确定的事，因为我们不知道约翰·劳背后的欧洲跨国银行家族究竟是如何计划的。

"有兄弟俩，鲍登与拉·理查蒂埃尔，开始悄悄地到皇家银行去兑换纸币，每一次兑换的数额都比较少。他们还开始尽量收购白银与珠宝，并且把白银、珠宝和硬币一起秘密地运到荷兰与英格兰。一位成功的股票交易商沃默雷特也完全卖空了股票，把价值100万利弗尔的金属硬币装进了马车。他在上面覆盖了干草与牛粪，自己假装成农夫，驾着马车跑到了比利时。"（［美］拉斯·特维德著，董裕平译.逃不开的经济周期.北京：中信出版社.2008）。

从这件事，人们可以看出不论是谁制造了"密西西比泡沫"，炒作和"摧毁"法币利弗尔的欧洲银行家族早就开始"用纸换金"的游戏了。

在整个"密西西比泡沫"中，唯一有能力的破坏者，或者说"破坏动机"恐怕来自对银行家约翰·劳在"西方公司"的绝对控股的地位。这实际上是北美第一家独立央行，约翰·劳和他的兄弟们的控股行为，可能失去了欧洲跨国垄断金融资本的支持，但不能说他们从此决裂了，事实可能相反：是约翰·劳变得"理智"了。

(四)"法国第一央行·法国皇家银行"失败了吗

对于银行家约翰·劳来说，"密西西比泡沫"是一个不朽的失败，这是一个过早出现的历史产物，是对历史的一次预演。约翰·劳不仅没有失败，还成功地建立了"法国第一独立央行·法国通用银行"、"北美第一独立央行·西方公司"、"跨大西洋独立央行·法国皇家银行"，这三个金融卡特尔的概念，在之后的几个世纪中，除了第三个概念（即"跨大西洋独立央行"尚未"再次"实现），都已成为了"铁一样的现实"。

欧洲跨国垄断银行家族通过制造"密西西比泡沫"不仅取得了天文数字的财富，完成了以后建立法国第二央行（"法国贴现银行"）和第三央行（"法兰西银行"）的资本凝结，还得到了最为宝贵的经验。银行家约翰·劳更是个天大的赢家，他从此富可敌国，不久宣称"病死"，永远地销声匿迹了，天文数字的财富，也随着他的"去世"变成一个永恒的谜（由于约翰·劳的"病故"，英国对绞刑逃狱犯的通缉，永久地消失了）。

(五)"法国第一央行"的历史价值和地位

1. "法国通用银行"的建立，标志着法国金融僭主体制得到了巩固和加强，由于法国在欧洲的中心地位，让整个欧洲都受到了巨大的影响，奠定了欧洲垄断金融资本在欧洲的权力基石，欧洲大陆的金融贵族体制，逐渐走上了历史舞台，渐入佳境。

2. "法国通用银行"和"法币利弗尔"都是由外国银行家在法国建立的金融卡特尔，用于转移法国各阶层的财富，这种"成功"，标志着法国统治阶层不再代表法国民族资产阶级和传统贵族的利益，出现了"跨国化"、"金融贵族化"的趋势，与欧洲银行家族合流了。

3. "法国通用银行"和"法币利弗尔"自始至终，都是一场赤裸裸的骗局，但法国各阶层无可奈何，除了愤怒，只能悲剧性地接受和默认。这说明在那以后的一个历史时期内，金融贵族处于上升阶段，其消极面虽然已经损害了欧洲实体经济的发展，但还没有发展到足以损害金融僭主体制本身稳定的地步，一直处于上升阶段和"健壮期"。

4. "法国通用银行"和"法币利弗尔"直接导致了"密西西比泡沫"，完整地展现了一个"跨国股份制金融卡特尔"发行的"债务货币"的全过程和必然的"归宿"。这是世界金融战役史上独一无二、无可替代的一笔宝贵的财富。"密西西比泡沫"把一个"独立央行"如何"建立",如何"财富转移",如何"信用破产"的数学模型粗糙地留在了历史的烟云中,人们可以选择忘记,但历史老人告诉我们:看,它就在那。

（六）"利弗尔"的概念

图片说明:这就是银币的法国法郎,但实际不论是"法郎",还是"利弗尔",都和"荷兰盾"一样,是一个复杂的历史概念,不能简单混为一谈。

"利弗尔"这个概念,与"荷兰盾"有类似的地方。"利弗尔"在不同历史时期,有不同的含义。不能简单地说,"利弗尔"是金币?是银币?更不能简单地确定"利弗尔"的价值。在世界金融战役简史中,为了便于衡量,一直强调"利弗尔"的"含金量",也就是"3.88 克"。但这是一个"约翰·劳"时期的概念,不等于"利弗尔"的全部含义。

大体来说,"利弗尔"可以看做"法郎","利弗尔"本身有金币,也有银币,由于金银在法国历史上是"互换的"（但这种"互换"由于"成色"和"不同地区"的问题,又常常是"脆弱的"和"不稳定的"）,所以并不影响人们的使用（因为实际影响较大的是后人对不同历史时期,不同币种的"实际价值"的考证,而使用某种"利弗尔"硬币的人们则根本不需要考虑这些"琐碎事",这很有趣）。

"利弗尔"最开始是白银的"重量单位",大约为 340.2 克白银（12盎司,或称"1 磅"）,所以是一个特制白银的重量单位。这个单位的原始发音在拉丁语中是"Libra",在演变中出现了不同。在英国"Libra"就成了"英镑"，在法语中就等同于"法郎"，在意大利语中就是"里拉"，在德语中就是"马克"。所以，"利弗尔"和"荷兰盾"一样，一直是一个"不确定的笼统概念"，必须联系具体交易、具体时间、具体国家来看待，否则很难得出一个准确的价值定义，但这两个概念常被胡乱使用，甚至把不同历史时间、不同国家的商品统一用"利弗尔"与"荷兰盾"来衡量，并以此"考证出某种结论"，这是有待商榷的误解。

很显然，虽然"利弗尔"的初始意义为"1 磅白银"（约 340.2 克），但古代欧洲各国的货币很显然具有不同的"含金量"（各国货币的实际价值变化就更大了，绝对不再是"1 磅白银"）。这里不讨论其他国家，单就法国而言，由于"威尼斯银行家"发行的 3 种"3.5 克重的纯金金币"对欧洲具有决定性的意义，故后来者常需与其保持"兑换性"。所以，法国的"利弗尔"，也就是"法郎"就被定义为"约等同于 3.88 克黄金"（这里看似有所差别，但古代纯金币的弊端，也就是太"软"的问题，让后来的金币含金量有所下降，故"3.5 克"和"3.88 克"基本可以看做是一个含金量导致的问题，甚至可以由此大致推算出后期法国金币的实际"成色"）。

法国古代因图尔地区的圣马丁修道院最先铸造过名称为"利弗尔"的银币，因此该货币又被冠以"图尔利弗尔"或"图尔锂"的名称。1203 年法国国王腓力二世从安茹伯爵手中夺取图尔后将该货币推行到自己的领地，但这不等于说"利弗尔"就是银币，却可以说"利弗尔就是法郎"。

在约翰·劳时期，"利弗尔"实际上是等同于 3.88 克黄金的金币或银币，甚至仅仅是白银或黄金本身。所以"利弗尔"实际上可以看做是"法郎"，而法郎不同时期的"含金量"又有所变化（如果用白银来表示，又必须考虑不同时期的金银兑换比率，不能一概而论）。为了让尊敬的读者对于"利弗尔"这个常用的法国货币概念有一个大致的"兑换概念"，下面列出一个简易的"法国古代货币兑换式"：

1. 1 利弗尔≈1 法郎（银币）≈20 苏（铜币）

"苏"在著名的法国电影《悲惨世界》中，使用很广泛。1795 法国规定 1 利弗尔等于 1.0125 法郎，故这个概念对于普通法国人很难区分。

2. 1 利弗尔≈1 皮斯托尔（Pistole）金币（在一些时候，一些地区）≈16 苏

由此可以看出，说"利弗尔"是金币、银币都对，这一点与"荷兰盾"非常类似（但在某个特定时期，他们又有特指，并不"模糊"）。

3.1 个苏（铜币，Sols）≈12 丹尼尔（铜币，Denier）≈4 里阿尔（铜币，Liard）

4.1 金路易（即所谓的"金法郎"，Louis d'ors）≈12～20 利弗尔（18世纪因大量美洲白银流入，法郎银币贬值，1 金路易 ≈24 利弗尔）

5.1 大埃居（金币，Gros Ecu）≈6 利弗尔＋12 苏

上述"兑换"仅仅是一个极其笼统的参考值，甚至不应该列出这样一个"兑换式"，因为法国历史上"金银铜"三者的兑换率就一直在不断变化，这种固定的"兑换率"本身就不能与历史吻合。但这个列表可以简单直观地给出一个大致的"法国古代硬币兑换率"的概念。对于法国金融战役史上的一些事件的描述和"大致估价"是有很大帮助的，故思虑再三予以列出。但请尊敬的读者一定要具体考证每一笔法国古代交易，而不能简单地看到某种硬币的名称，就根据上式得出"准确的估价"。一般来说，在 1 个数量级的误差范围之内，这个兑换率大抵无误，在 25%的误差范围内，这些可以大抵看做是约翰·劳时期的产物。

二、马克思为什么说英国银行家约翰·劳是一个"骗子和预言家"

（一）银行家约翰·劳与虚拟经济

虚拟经济自古存在，是实体经济的货币反映，并没有什么"特殊"，也根本就不需要专门研究，更不需要创立**虚拟经济学**来独立研究。道理很简单：在那些时候，根本就不存在于独立于实体经济的虚拟经济。单纯从理论来说，英国银行家约翰·劳代表着一个"欺骗理论体系"的建立，是欧洲古代跨国垄断银行家族服务于金融僭主体制的一个"财富转移理论"。

1. 其目的有三：

（1）巩固世袭银行家族在欧洲各国的金融僭主体制。

（2）把垄断银行家对欧洲社会各阶层的野蛮的抢劫"合法化"、"理论化"。

（3）让古代欧洲各国政府的税收机构演变为银行家族的驯服工具。

欧洲古代的跨国垄断银行家族要想实现这一切，必须凭空创造一个可以用毫无意义的虚拟数字来表示的"虚拟经济"，这是一个独立于实体经济，主导实体经济的资本怪物，银行家族世世代代主导着虚拟经济，也就拥有

了一切实体经济的所有权。

这个所谓的"国际债权人控制的欧洲虚拟信用供给体系"从一开始就是一个骗局，就是一次抢劫，就是一个垄断金融卡特尔，就是一个非市场经济的闹剧。一句话：银行家创造的"近代虚拟经济"是一个跨国的财富转移体系，持续剥夺着所有人的财富和劳动，却"合法"和"不为人察觉"，且能制造"持续的繁荣"——虚拟增长。

这一切在物理世界是不存在的，实体经济无法创造，必须由"虚拟经济"来实现，由"统计数字"来证实，但一切都不过是数字游戏，如果我们不称之为骗局的话。

2. 约翰·劳的"信用理论"与"虚拟经济"

"约翰·劳坚持社会需要更多的货币和有活力的银行与失业作斗争。随着1621年哈维发现了血液循环，约翰·劳和许多其他人论证说信用就是社会的血液。他在《货币与贸易论——建议向国家供应货币》（1705年）一书中断言："当血液不在全身循环时，身体就失去活力，当货币不循环时也会产生同样后果"（哈辛，1928年，第746页），"随着货币的增加，易货贸易的缺点和不便就又消除了；穷人和闲散人员就被雇用，更多的土地获得耕种，生产增加，制造业和贸易得到改善，有土地的人生活得更好，人们对有土地的人的依赖减少了。"（约翰·劳，1705年，第11页）"（[美]查尔斯·P.金德尔伯格著，徐子健，何建雄，朱忠等译.西欧金融史.北京：中国金融出版社.2007）。

欧洲历史上这个臭名昭著的"跨大西洋独立央行的董事长"、"私有货币的发行者"、"密西西比泡沫的始作俑者"垄断银行家约翰·劳这段华丽而又苍白的诡辩，一直以不同形式不断出现在西方经济学中，忠实地履行欺骗和误导的任务，因为学习这些"经济学理论"的人们早就忘记了"密密西西比泡沫"就源自这些"理论"。这段话华丽无比，却空洞无物，是充满了自相矛盾的谎言。约翰·劳所谓的"信用"（"货币供给"）最根本的骗局在于：约翰·劳把"纸币信用"与"国家和人民"分割开来；把"货币"制造的"虚拟经济"从实体经济中割裂出来，"似乎可以独立创造财富了"。这是马克思评价约翰·劳是一个"骗子和预言家"的根本原因——欧洲的跨国资本从此摆脱了为了取得剩余价值而不得不做的"麻烦事"（实体经济的生产），只要拥有货币就可以"从货币数字直接生产出更多的货币数字"，这个"狂想"终于实现了，至少有了"理论基础"。

虚拟经济不能创造任何财富，创造财富的永远是实体经济，离开了物理世界的货币信用符号永远只是"银行家的狂想"。约翰·劳疯狂地制造了几十亿利弗尔的"货币信用"，不仅没有带来法国的繁荣，却让法国经济、财政全面崩溃，这些由央行发行的"法币利弗尔"分文不值，成了一堆废纸（大多数只是法国人民银行账户上的"一堆数字"和脸上的泪水）。

银行家用各种高等数学来证明虚拟经济的伟大贡献，证明国际债权人理论对法国经济的贡献，但结果却是法国财富被"国际债权人"发行的"纸币利弗尔"抢劫一空。人们虽然不懂那些"高等数学"和"神秘的统计学数字"，但却知道经济崩溃了，自己一分钱也没有了（"那些数字利弗尔"、"虚拟利弗尔"没有了任何意义）。

3. "密西西比泡沫"一直被持久误导和掩盖的深层次原因

英国银行家约翰·劳和另外一些银行家制造的"密西西比泡沫"从约翰·劳时期就被银行家族拥有的大学、媒体宣传成一个"股市泡沫"，但这根本就是一个骗局。

约翰·劳的"西方公司"不是独立存在的，而是与"法国第一央行·法国通用银行"合并后，建立了世界第一个跨大西洋私有央行体系"法国皇家银行"，其货币就是"纸币利弗尔"，即"纸币法郎"。所谓的"密西西比泡沫"是欧洲银行家在北美，乃至"世界"建立央行体系的一次尝试。"法国皇家银行"和"美国联邦储备银行"没有任何不同，唯一的差异是："美联储"实施的是金块本位，"法国皇家银行"实施的是"金币本位"，这两者有着本质的不同——**"金块本位的实质是纸币，金币本位的实质是黄金"**。但很显然，"金币本位"很难不出问题，约翰·劳就是银行家的"前车之鉴"。

所以，"密西西比泡沫"必须被宣传为一个"股市泡沫"，而且似乎是约翰·劳个人所为。但实际上，这是一群银行家和古代法国的金融官员和权贵联手制造的一场针对法国各阶层的"洗劫"。约翰·劳在这里不过是一个"龙套"而已，他被去世父亲的银行家朋友们所利用，也自甘被利用，实施了这次具有划时代意义的"央行行动"，他几乎成了"钱的世界"的主人。

（二）"货币信用"永远是数字符号，而不是经济本身

1. 银行家约翰·劳在法国发行的"纸币利弗尔"不过是一些数字，其依靠法国人民和政府提供信用，却由一个英国银行家掌握"创造的特权"，这本身就是一个责权不对等的骗局。

2.独立央行制度荒谬地提出了"独立","国际债权人"似乎是一个纯洁无比的"世外仲裁者",而实际上不过是把法国的一切财富凭空交给了几个世袭的外国银行家。"独立于法国人民"却毫不吝惜地使用着法国各阶层和政府的信誉,这就是"法国皇家银行"骗局的实质。

3."货币信用"自银行家约翰·劳始,突然衍生出了一系列含义:虚拟增长、虚拟利润、虚拟交易,一切都可以用虚拟的数字信用符号来表示、交易、定价和存储,但一切都成了虚幻的泡沫。约翰·劳可以任意发行"纸币利弗尔"牟取暴利,但这个被滥发的"纸币利弗尔"必然有崩溃的一天。道理很简单:数字符号本身仅存在于人们的头脑,不作用于物理世界。约翰·劳留下了20亿利弗尔的数字信用,却不可能凭空创造出等量的黄金和白银,这就是"密西西比泡沫"破灭的根本原因。

4.英国银行家约翰·劳没有给法国带去任何东西,仅带去了一个金融战骗局,留下了一片废墟。通过这次金融战役,"国际债权人"从法国经济中抢劫了10亿利弗尔以上的财富,法国经济一直动荡不定,法郎也一直处于不断的贬值状态,直到第二次世界大战。

三、"威尼斯银行家"与法国银行业的"黄金时间"

(一)法国金融资本的由来

在《水城的泡沫——威尼斯金融战役史》中,曾经详细地介绍了美第奇银行与法国的密切联系,或者干脆说在法国摄政更为准确。但这种金融僭主体制也埋下了欧洲大陆,尤其是法国反对金融资本的种子。法王路易十四对于金融僭主体制深恶痛绝,只是后来战争频繁,不得不向银行家借贷才导致佛罗伦萨的银行家开始向法国转移。

这种转移具有两面性:一方面说明了银行家对第二、第三金融国家的逐渐放弃,另一方面只能说法国成了除第四、第五金融国家之外的"欧洲大陆"的金融中心。这不能说明银行家愿意冒这个风险,而是当时通信、交通都极不方便,单纯地转移到英国和北美固然"安全",但放弃欧洲大陆无疑令银行家不能接受。欧洲大陆的银行家族分为两支,一支主要进行"金融事务"集中在法国,开始是里昂,后来是巴黎;另一支主要集中在德国,操纵德国逐渐发展起来的实体工业。虽然美第奇银行号称"绝嗣"了,但统治法国和德国的金融力量,应该就是美第奇银行家族。

（二）"威尼斯银行家"的力量

英国银行家约翰·劳轻易地在法国建私有央行，似乎让人感觉"法国"竟然如此容易地就落入了外国银行家之手。但实际上盘踞在佛罗伦萨几百年的美第奇银行对法国的渗透也进行了几百年。这里举三个银行家制造法国债务陷阱的真实事件，这发生在几个世纪中的一系列事件，最终导致了"法国第一央行·法国通用银行"的建立（法国没有足够的硬币支付欠外国银行家的利息了）。

1."45%的利息"——遗祸后世的查理八世

"45%的利息"是个什么概念呢？也就是说，如果法国国王向银行家借贷 0.001 亿利弗尔，20 年后本息合计"1.687 亿利弗尔"（超过"法国政府"岁入了），增长约 1687 倍。这种债务一旦借了，就还不清了，谁会做这种傻事呢？

查理八世，他就接受了这个利率。他为了发动"意大利战争"（1494～1559 年），向热那亚银行家（"威尼斯非主流银行家族"）借入了 10 万法郎〔实际可能指 10 万个弗罗林金币或其他等值 3.5 克纯金金币（此类 3.5 克金币同时由盘踞在"古威尼斯共和国"、"古热那亚共和国"、"古佛罗伦萨共和国"的不同的"古威尼斯银行家族"发行，图案不同，但含金量特意保持一致，故实际收支时，被看作等值金币）〕，利率高达 45%（年息、复息）。

2.银行家在"法国集市"的"超级特权"——路易十一与"繁荣的代价"

路易十一在法国建立了一系列商业集市，类似于现在的"商业、金融中心"（也包括早期查理七世在里昂建立的一些集市），总数大约有 66 个。之所以要这么多，主要是当时交通、通信的限制，只能用增加"商业中心"的数量来满足商人们的需求。这个做法的出发点是好的，但路易十一出于贪婪和诡计，开始实施一种看似"智慧的竞争措施"——"授予商人和商业城市特权"。这些权力包括：

（1）独立的司法权（即"集市管理者"的特殊司法裁判权）。

（2）一些贸易的"豁免权"、"特惠权"。

（3）"使用外币权"。

（4）出口贵金属权。

（5）"无继承人财产归公权"。

图片说明：法王查理八世（1470.6.30～1498.4.7），他以45%的高利贷年息向"热那亚绍利银行"（"威尼斯非主流银行家族"）疯狂借贷，埋下了法国封建王朝毁于跨国垄断银行家族之手的祸根。

（6）部分罪行赦免和入籍权。

（7）与敌国（指法国的"敌国"）进行贸易的权力（包括战争时期）。

（8）大量的免税权（比如：取消了"十二但尼尔税"）。

（9）取消了针对商人的"关卡检查"和"关卡税、费"。

（10）由"商业行会"管理各个城市，并相互缔结"合同"（这实际上放弃了"法国政府"对城市的管理权，形成了由金融资本主导的城市割据和"外交权"，15世纪后半叶法国政府才发现"皇令不出宫廷"了，才开始与"商业行行会进行斗争"）。

（11）"集市城市"的"武装护卫队"的"组建权、管理权"（这实际上默认了银行武装对法国商业城市的武力控制，后果严重，尾大不掉）。

这些做法看似"很狡诈"，因为这些措施"争取了跨国商人"，排斥了他国的竞争，削弱了地方贵族，充盈了法国国库。但实际上愚不可及，后果严重！因为从此法国丧失了对基层组织、商业中心、货币铸造、城市行政的实际管理权，外国"商业行会"逐渐演变成了一种看似松散，其实由跨国垄断银行家族统一管理的"第二政权"。法国财政从此过度依赖外国商人的投资和缴税，实际上整个法国落入了银行家的掌握，这种被称做"重商主义"的短视做法，固然制造了一段时期的繁荣，但抑制了法国民族工业和民族商业资本的发展，埋下了法国频繁出现金融危机的隐患，让法国皇室成了国际银行家的附庸，完全依靠国际银行家族的借贷，否则就一天也过不下去，这种局面只有"如履薄冰"可以形容，法国皇室的灭亡已经注定了。

3. 银行家塞缪尔·伯纳德的"慷慨"——路易十四高筑的"债台"

银行家塞缪尔·伯纳德一直给法王路易十四贷款，规模惊人！1703 年，他借给"法国政府"0.15 亿利弗尔；1704 年，他借给"法国政府"0.2 亿利弗尔……1708 年，他借给"法国政府"0.3 亿利弗尔！

法王路易十四也发现了这个问题，同时由于银行家的贷款已经影响了法国的对外战争，所以路易十四拒绝支付利息。有人认为银行家塞缪尔·伯纳德"破产了"，但事实并非如此。

"伯纳德关于建立一家发行银行券的公有银行的计划对他们来说是件被诅咒的事，因为这项计划将减少他们在处理皇家财务中所获得的利润（博西尔，1970 年，第 16 页）。伯纳德已恢复到如此的程度，以致他在金融官员同伙中的巴黎兄弟所控制的 1915 年法庭上自愿支付 600 万利弗尔的罚金。金融团体之间争论的主旋律在整个法国历史中继续下来，至少直至第二次世界大战。况且，不管伯纳德 1709 年的失意是多么短暂，它标志着法国金融重心从里昂向巴黎的转移（布劳德尔，1977 年，第 101 页）。"（文献引用：[美]查尔斯·P.金德尔伯格著，徐子健，何建雄，朱忠等译.西欧金融史.北京：中国金融出版社.2007）。

这段历史文献说明了两个问题：

（1）银行家在法国建立"独立央行"制度，是一切金融战役的核心问题——因为这涉及"法国政府和人民"从此丧失了货币、金融、财政权利（"法国第一央行·法国通用银行"的董事长英国银行家约翰·劳后来也出任了法国财政部长，实际上控制了法国的预算和财政），而银行家族则拥有了法国"一切可以用货币购买的财富"。

（2）银行家塞缪尔·伯纳德"受到了短暂的挫折"（其本质就是路易十四利用政权对国际垄断银行家族发动的金融战役进行了成功但"缺乏延续性的还击"），但远非"彻底失败"。

（三）"巴黎兄弟"与银行家族

由于古代的法国一直执行了彻头彻尾的"重商主义"，忽略了法国政权的建立和统一（路易十四是法国统一"巅峰"，此后法国先后由外国银行家族建立了两个央行，不仅法国皇室退出了历史舞台，法国政权也从此再也没有收回货币、金融权力。1800 年由外国银行家族建立的"法国第三央行·法兰西银行"所发行的"法郎"一直是私人货币，由"国际债权人"主导，直到"法郎"消亡），导致了法国出现了一个由外国银行家族"遥控"的"金融官员阶层"，他们被称做"巴黎兄弟"。

这些人名义上是法国政府的"金融官员"，但实际上听命于欧洲垄断银行家族的命令，属于银行经理人阶层。虽然他们在行为上"出卖法国民族利益，属于银行家族情报网络的成员"，但不能说他们"背叛法国"或"不忠于法国国王"，因为法国的金融货币体系根本就不是"法国政府"（"意大利金融家和官吏在包税和分配经费方面是政府的财政代理"，参考文献同上）的"管辖范围"，这种荒谬的体系源自路易十一时代的"重商主义"，"分裂的种子"早就播下，并长成参天大树了。

17 世纪的法国，"金融官员"代表着外国银行家族的利益，并相互争斗，用"法国政府"的名义，实际上已经完成了对法国货币、财政的全面控制，不过"独立央行"制度的建立还是"很有必要的"，因为"独立央行"制度的建立可以从根本上、从"法律上"建立金融僭主体制，剥夺"法国民选政府"对货币金融事务的管理权，让垄断银行家族的家天下体系得以世袭和拓展，并且披上了"合法的外衣"。

四、黑云压城的时刻——简评"法国第一央行"时期的历史危机

（一）美第奇银行在法国的摄政与"血统扩展"

由于美第奇银行在法国实施"摄政"和"联姻"，导致"法国皇室"与垄断银行家族似乎"成为一家人"。这个烟幕不仅迷惑了法国皇室，也迷惑了法国各阶层，让垄断银行家族在法国建立了一个广泛的金融僭主体制，再也没有谁能够去除。

直到法国皇室的利用价值消失以后，银行家族发动了一场血腥的"政

变",让法国贵族、皇室几万颗人头,一次付清了"账单",这是他们出卖法国利益与外国银行家族"联盟"的代价与惩罚。

这一点足以为后来者戒,但"愚蠢的智慧"是永远也不会消失的……

(二) 18世纪初,银行家已经准备就绪,而法国上层毫无察觉

欧洲垄断银行家族经历了几个世纪的布局,已经完成了对"法国王朝"人事、组织的准备。法王路易十四史称"太阳王",他一生"辉煌灿烂、战无不胜",但法国王室的根基已经彻底腐烂了,整个法国坠入了外国银行家的债务陷阱,一场由英国银行家约翰·劳导演的金融战役即将上演,法国各阶层第一次领教了衣着整洁、礼貌和蔼的外国银行家族的厉害,但金融战役学21世纪才姗姗到来,这是多么荒谬的一幕。

在这场法国金融战役中,一些法国皇族还联合外国银行家"大赚了同胞一笔",这有点像"发了一笔国难财"。但不久,他们几乎被银行家杀了一个干干净净,很多法国贵族真的"绝嗣"了。这很残酷,但也是一种公正。

(三) 法国金融战役的特点——高端主导在前,金融战役在后

法国金融战役,就是英国银行家约翰·劳在法国建立的"法国第一央行·法国通用银行"和"私有票据·纸币利弗尔"。这场金融战是欧洲古典金融战役的典范,银行家举重若轻,玩弄法国皇室、贵族于掌心,但实际上却已经默默地准备了几百年,动用了至少20亿利弗尔硬币(近1万吨黄金)的金融战资本,控制了法国所有金融官员和核心贵族……

法国金融战役还能有什么悬案吗?

英国银行家约翰·劳的胜利绝非侥幸,是历史的必然;所谓的"密西西比泡沫"是欧洲古典金融战役史上的一个伟大的范例。一句话:"法国"这个古老的剑客,输在欧洲垄断银行家族手中,并不"冤枉",因为"只剩空空剑鞘,宝剑早就锈掉了"……

(四) "昏君之智"的现象

导致古代法国的控制权逐渐落入外国银行家手中的法王路易十一,历史上以善施"阴谋诡计"著称,人称"蜘蛛国王"。他表面上"统一了法国、充盈了财政",但正如中国北宋皇室一样,都是很有才干的人,却做了很傻的事,其历史原因主要是不能跳出短期利益的局限性,不能摆脱战术决策

得胜的强烈诱惑，最后逐渐走上了王朝灭亡之路，但每一个决策却都经得起推敲，不是后人所盲目批驳的那样"愚蠢"，反而"常有奇智"和"成熟到腐烂的智慧"在里面……

所以，建立金融战役学的同时，必须建立广义决策略和战役趋势博弈论，否则很难在纷繁复杂的决策标准中，找到战略决胜之路，很容易被误导，"理智地走上错误的道路"。

《古风·雨夜沉思录》戊子鼠年九月廿五 北京

翩翩玉环，曳曳胡钩，狼主信抚，乐极无忧，
惠卿散地，林甫芒收，两腿子羊，榆草之粥，
瞒天过海，喜登重楼，风波亭内，崇焕街头，
昏君之智，草莽之谋，金玉如土，徽钦何愁？

第三章

外国银行家"彻底清除"了
法国的"银行代理人家族"

一、法国历史上三个央行的拥有者到底是谁

法国历史上曾经出现过三个央行，都用的是法国的名义，但拥有者都是外国银行家，这是一个很耐人寻味的历史谜案。

（一）"法国第一央行"——"法国皇家银行"

法国历史上的第一个央行，是由英国银行家约翰·劳为首的欧洲垄断银行家族建立的"法国通用银行"（1716 年 5 月组建），后改组为"法国皇家银行"（1718～1720 年），两者的区别在于：前者仅仅是法国的央行，后者合并了"北美西方公司"，实际上是一个"世界央行"（范围扩大到了北美，而不仅仅局限在法国了）。

这样法国第一央行的货币是"法币利弗尔"，1720 年这个"银行券"破产了。这个私有信用卡特尔，名义上是法国的"政府机构"，实际上是一个"国际债权人"主导，外国银行家约翰·劳等人"名义拥有"，并"实施管理"的私有皮包公司，依靠凭空创造"钱"来拥有法国和北美地区的一切财富。英国银行家约翰·劳在法国开启的这个"债务货币"骗局后果严重，史称"密西西比泡沫"。

"债务货币"开创了一种特殊的骗局：法币名义由政府发行，央行名义是政府机构，实际上却由"国际债权人"拥有一切主导权，凭空创造"钱"来拥有所有社会阶层的一切财富和劳动。所以，"独立央行"是可以"国有化"的，法币也可以由"政府名义"发行（这还是必须的，因为要靠政府和人民的税收来"还债"，也就是给"国际债权人"缴纳**垄断税**"），关键在于"央行的独立"（这是一个银行家族把金融、货币、经济权力从法国政

府和人民手中夺走的过程）与"货币发行与债务挂钩"［这是一个把权力交给"国际债权人"的过程，是法币利弗尔秘密私有化的过程，否则法国各阶层由于无法用"使用法国货币认购国债来增加法国货币"，不接受"国际债权人"的控制，就要陷入"通货紧缩型金融危机"，也就是没有"足够的纸币符号了"，这很荒谬（因为法国政府本来可以自己发行货币符号），但又很真实（因为依据"债务货币理论"法国政府和人民"无权"发行没有"可靠抵押"的货币，只能抵押"债务"给"国际债权人"）］。

所以，英国银行家约翰·劳在法国金融战役史上有独特的，无可替代的历史地位，他不仅是预言家，也是一个天才的金融战专家，不花一文，就把法国各阶层洗劫一空（此后几十年都没有恢复过来）。

（二）"法国第二央行·法国贴现银行"

法国历史上第二个央行也不是"法国的"，名叫"法国贴现银行"（1776～1798年）。这家私人垄断信用供给机构由瑞士银行家伊萨克·潘乔德1776年在法国成立。这实际上是一家皮包公司，什么都没有。但是通过"约翰·劳的公关策略"取得了"法国政府"的"特别授权"。

这个"法国贴现银行"又如何为国际银行家族牟利呢？很简单，发行"银行券利弗尔"，也就是靠凭空制造"钱"来赚取利润！这又是一种什么样的授权呀！这些国际银行家族通过瑞士银行家伊萨克·潘乔德的"法国贴现银行"可以任意创造"货币符号"，拥有一切法国可以用"钱"来衡量的财富和劳动。

法国各阶层诚实地劳动，到外国银行家族那里换取"数字"，否则就的"产值"高得惊人，并且完全脱离了"法国政府"的管理，是一个更加彻底的"独立央行"。它所发行的"银行券利弗尔"在法国肆意流通，摧毁了法国刚刚恢复的实体经济，严重激化了法国社会的各种矛盾，让法国各阶层都陷入了可以被"任意剥夺劳动和财富"的境地，社会物价飞涨（但也可以解释为"法国经济空前的大繁荣时期"，因为统计数字上法国经济增长很快，但这是"虚拟增长"，实际是如假包换的通货膨胀），人们毕生的积蓄不断贬值（这种贬值是有计划的，其实质就是欧洲跨国垄断银行家族剥夺法国各阶层财富和实体经济主导权的过程与速度）。

（三）"法国第三央行·法兰西银行"

法国历史上的第三个央行，就是 1800 年至今的"法兰西银行"，是由包括"法国第二央行·法国贴现银行"等众多私有银行参股组建的一个跨国私有金融卡特尔，瑞士银行家伊萨克·潘乔德只是其中的股东之一。人们熟悉的法郎就是由这些外国银行家族在法国发行的"私有银行券"，实际上不过是一些数字。由于这些"数字"用法国政府的信用作抵押，用法国各阶层的税收作保证，故此被人们广泛接受。但对于法国来说，这是一个荒诞的做法：因为"法国政府"自己承担一切制造"法郎信用"的责任，却没有权力发行"法郎信用"，这个无上的特权却牢牢控制在欧洲跨国垄断银行家族的手中，脱离了法国政治体系和民族利益的范畴。

不同时期的法国政府必须以借贷的形式向拥有法兰西银行的跨国银行家族抵押国债。这个抵押的利率和形式已经成了一个"似乎从来就没有存在过的秘密"，无法得知法国政府每发行 1 个法郎，需要抵押 1 法郎"特别国债"所支付的年利息。但是 1800 年拿破仑时期，也就是美第奇银行的银行代理人家族——拿破仑家族主导了法国政治的时候，这个荒谬的利率是 4%。也就是说从拿破仑时期开始，"法国各阶层"每年需要为拥有法兰西银行的外国银行家族支付的利息大致等于法兰西银行创造的"法郎"数字的 4%，并且逐年"利滚利"，且不用归还（因为归还了法郎就消失了，而且债务实际上超过世界上法郎信用总量无数倍！之所以出现这种荒谬的局面在于——这笔所谓的"法国欠国际银行家的债务，从来就没有发生过"，法国政府本来应该自己发行货币而不是由国际银行家族来实施金融僭主体制）。

后面要专题涉及三个严肃的问题：

1. 谁拥有了法兰西银行？

2. 1946 年 1 月 1 日法兰西银行的"国有化"、 1993 年法国通过立法强化法兰西银行的"独立性"、 1998 年法兰西银行加入了欧洲中央银行体系（ESCB），这三大历史事件的性质和实质。

3. 法兰西银行"国有化"以后的"法郎"为什么还是私人票据？银行家族如何继续控制法国信用供给并从中牟利呢？

二、"法国第二央行·法国贴现银行"发行的"银行券利弗尔"
破产了

（一）外国银行家如何制造了法国各阶层的不满和愤怒

"法国大革命"结束了法国的封建统治，震撼了欧洲的封建制度，显
示了人民群众的伟大力量。"法国大革命"的爆发时间和欧洲垄断银行家族
与法国传统贵族斗争激化有关，也是法国传统世袭贵族体制与金融僭主世
袭体制之间的新矛盾——有关"谁是法郎纸币的主人"，一次激烈的"总摊
牌"。

图片说明：这是"法国大革命"《人权宣言》的初始版本。请注意看最上面闪闪发

光的金字塔图案，里面有一只"独眼"，窥视着一切。这就是欧洲跨国垄断银行家族主导的共济会的崇拜物——·"无所不知的巨眼"。这只眼睛是"Lucifer·路西弗"的眼睛，"Lucifer"就是"撒旦"。这个图腾代表着世袭垄断银行家族作为"撒旦·万能之眼·光照者"在人间的化身，拥有死亡、黑暗与一切无上特权，所以共济会体系的欧美精英组织都崇拜死亡与枯骨。

法国传统贵族一直是欧洲垄断银行家族的银行代理人阶层，出卖法国各阶层利益换取家族利益。但他们的权力很大，并不完全听外国银行家族的"招呼"，自认为"自己是主人"。可他们错了！欧洲垄断银行家族虽然与法国传统贵族有着密切的、持续了几百年的复杂联姻，但在法国实际最高权力的争夺上，却毫不手软。

"法国大革命"，几乎杀光了法国传统贵族，仅留下一些没有权力和财富的"空头贵族"和"参与摧毁法国传统贵族体系的法国贵族家族"（这是最后一次背叛，但对于叛国者来说，背叛自己的亲人和阶级又是多么简单的一件事）。

这次"重组银行代理人家族"的"过程"异常血腥和残酷，每天都杀人，而且是杀贵族和皇族，然后就是抄没家产。不少传统贵族从此销声匿迹，可能真的被"杀干净了"，作为"外国垄断银行家族"的朋友和亲戚，他们一直靠出卖法国民族利益"为业"，这次死得其所。每当法国贵族的头颅落入篮子的时候，法国群众都会爆发出一阵掌声和欢笑！没有人去捍卫"法国传统贵族"的利益，人们痛恨卖国贼胜过痛恨外国银行家族。

（二）瑞士银行家伊萨克·潘乔德（"法国第二央行·法国贴现银行"）拒绝给法国王室1亿"法郎"

1. 摧毁"第二央行"——"糊涂"的瑞士银行家伊萨克·潘乔德

（1）瑞士银行家伊萨克·潘乔德跑到法国注册了一个金融皮包公司，我们姑且叫它银行吧！但这又是一家多么"神奇的银行"啊！

瑞士银行家伊萨克·潘乔德和银行家朋友们没有任何的注册资本，或者说他们跑到法国开银行的注册资本竟然是他们自己随手写出的"法国贴现银行的银行券利弗尔"，这是荒谬的"注册资本"。

（2）以瑞士银行家伊萨克·潘乔德为首欧洲银行家们在法国发行私人信用，用的却是法国政府的名义（法国政府的"特许状"），法国所有的民族企业和个人，都是外国银行家开出的任何数字，并把其看做"钱"。举例：

瑞士银行家伊萨克·潘乔德如果写下"1000000法郎",那么就可以从法国凭空"弄走"(或拥有)一个等价的法国企业,这不仅荒谬,而且可怕——这些外国银行家还需要"抢劫"吗?他们可以在"1"后面添加任意一个"0",这就足够了!可法国却必然陷入沉重的经济危机和通货膨胀,不爆发"大革命"才怪呢?!

2."法国贴现银行"的"生意兴隆"与法国经济的"濒临崩溃"

自从瑞士银行家伊萨克·潘乔德1776年在法国建立了这个皮包公司以后,这个法国第二央行的生意好得惊人,唯一的"产品"就是"数字"。仅仅几年以后的1783年,"法国贴现银行"的世袭股东们已经滥发了0.7亿"银行券利弗尔"(这仅仅是他们自己公布的数字,天知道他们究竟发了多少"信用",因为和美联储一样,"独立央行"的"好处"在于,各国政府"不能介入专业事务"。所以,银行家们究竟在1776年以后发行了多少"私人票据"很难统计)。到了1787年,这个数字已经达到了1亿"银行券利弗尔",这可以是等量的金币、银币或法国企业所有权。

"法国贴现银行"的"神奇生意"简直好得难以想象,外国银行家们在法国肆意流传"银行券利弗尔",让他们可以一文不花就主导了法国的一切经济命脉和财富,简直是"生意兴隆"。

但这无疑是一场如假包换的金融战役,法国实体经济遭受了沉重的打击,整个法国工业、商业都陷入了一种"流动性过剩"导致的"金融危机"。人们怨声载道,却不知道问题所在,一切矛头都指向了法国皇室。金融危机转化为经济危机的同时,也酝酿了一场严重的政治危机。

但法国皇室和贵族是否"冤枉",却很难说,也许有那么一点点。

3.瑞士银行家伊萨克·潘乔德与他背后的银行家朋友有了矛盾

瑞士银行家伊萨克·潘乔德是一个传统的"骗子",或者说是一个"金融战战术专家",而不是一个试图"拥有历史的战略家"。他提出了一个概念,就是向"公众贷款",而不仅仅局限于向各银行贷款。这里面的区别是:

(1)"向公众贷款""法国贴现银行"可以发行更多的"信用符号",也就剥夺了更多法国公民的财富,但"法国贴现银行"有"一般化"的趋势,"银行的银行"这个统治性地位会有所"弱化"。

(2)瑞士银行家伊萨克·潘乔德的"银行家朋友们"坚持只向"私有银行"贷款(也就是提供"信用符号"),这样损失了许多直接控制法国大企业和个人财产的机会,但却从宏观上拥有了法国的一切财富和权力。

这就是历史上发生在"法国第二央行·法国贴现银行"的"两条道路之争"。站在欧洲垄断银行家族的角度来说,维系"独立央行"的统治地位无异于维系金融僭主体制,是最重要的事。但站在诸多从属地位的银行家族的角度来说,这少了许多"赚钱"的机会,发行越多的"银行券","法国贴现银行"的红利就越多,实际上也是如此。

所以,欧洲垄断银行家族就有了"毁灭"法国第二央行的意思,因为这个机构有点"不好控制"了,迷失在了"成功与财富"之中,忘记了"央行的任务"——在法国建立金融僭主体制,并主导法国的一切。

4.法国皇室的愚昧与贪婪——1亿利弗尔"分红"的请求被拒绝

这个事件,在法国金融战役史中的意义极为重大,它反映了法国皇室已经愚蠢到了不可救药的地步,行将就木了。

(1)"贪婪者主动放弃了最大的利益"

法国皇室的确如历史记载的那样,又奢华又贪婪,但这些贪婪成性的腐朽贵族却主动放弃了最大的利益,拱手将可以任意对法国各阶层进行"财富转移"的法郎发行权交给了外国银行家族。这说明,法国传统贵族已经丧失了建国的锐气和胆识,甚至丧失了"贪婪者必须具有的贪婪和勇气",完全沦为金融僭主体制的傀儡。

(2)身为傀儡,而不自知

欧洲古代的金融僭主体制,就是一个世袭垄断银行家族幕后主导,给前台表演的银行代理人家族一些残羹剩饭的"主仆体制"。身为傀儡的法国传统贵族,必须要认清自己的"地位"和"分量",才能"安身立命"。可这些每日花天酒地,愚昧无知的法国贵族根本就不理解"金融僭主体制"的含义,甚至不知道金融僭主体制的存在。他们盲目地认为:自己是法国的"主人"。所以,他们眼看着外国银行家族在法国任意滥发"银行券利弗尔"获取了极大的利益,不禁眼红了!竟然在1787年向银行家提出"给国王贷款1亿利弗尔"的要求,试图"分一杯羹"。

当时金融僭主已经对这些腐朽没落又自高自大的传统贵族很不满意了,这个"仆人"又以"主人"的身份下了一道命令,并提出了要挟——如果"法国贴现银行"不给法国国王1亿利弗尔(多么可悲呀!仅仅是一张纸片上的几个数字而已,自己去填写的勇气都没有了,而以命令的名义去乞求,这是很无耻又令人深思的一幕),1806年,就不再给"法国贴现银行"延续30年特许状了(发行法郎的"授权")。

新世界秩序（NOVUS ORDO SECLORUM）

MASON——共济会

　M——mystic（神秘的）

　A——Ancient（古老的）

　S——Shrine（圣殿）

　O——Order（秩序）

　N——Nobles（贵族）

图片说明：这就是美联储券（现在的"美元"）和"法国大革命"宣言上的共济会图腾与"世界新秩序"的古代含义。这个欧洲垄断银行家族主导的跨国组织，几乎无处不在。世袭垄断银行家族以家天下的形式决定并拥有着"钱的世界"的一切，这本来并不稀奇，奇怪的是很多人不知道古代欧洲就存在的金融僭主体制。法国思想家本杰明·贡斯当在 1813 年发表的抨击金融僭主制度的《论僭主政治》，随着僭主体制的成熟与强大，也就成了"绝响"。

此时是 1787 年，离 1806 年"特许状"到期，还余 19 年的时间！这种"要挟"多么软弱、多么"谦恭"呀！可这些法国贵族还是惹恼了外国银行家族，他们大多没有活到 1806 年。这深刻地说明了一个问题：外国银行家是法国的主人。

5. "银行家主人拒绝了仆人的勒索，仆人们发出了喃喃的不满声音"

瑞士银行家伊萨克·潘乔德和"银行家董事会"此时已经极度蔑视法国皇室的权威，甚至不屑于在纸片上写下几个"0"，他们明确地拒绝了法国国王"贷款"的建议，狠狠地给了法国贵族一记耳光。

法国贵族腐败透顶，他们既感觉丢尽了面子，又不敢与银行家撕破脸皮，就四处诋毁"法国贴现银行"的信誉，私下威胁要取消"特许状"。但没有历史证据说明，他们真有勇气这样做，实际上"法国贴现银行"一直自由自在地发行"法郎"，法国国王甚至没有勇气取消这种"授权"，仅仅是威胁20年以后"不再授权了"。

这种孩子般天真的"撒娇"，或者仅仅是"贪婪仆人不满的喃喃细语"，都令银行家族极度不满，起了杀心。如果法国贵族知道他们这样表示不满的"严重后果"，他们绝对不会这样做！可历史没有"如果"，他们的确威胁了银行家族，并且由于这种"话语"来自法国"上层"，法国工商业和人民开始在床铺底下积攒利弗尔硬币，逐渐取出了存在银行的"银行券利弗尔"，实际上是将纸币兑换成了金币或银币私下存储了起来。这样从表面上来说就导致了"法国贴现银行"保存的法国各私有银行的"存款准备金"大幅下降，法国各私有银行的存款大幅下降。法国第二央行实际上面临着银行家约翰·劳的法国第一央行同样的"难题"——银行券的破产！

银行家族能不拼命吗？这从侧面说明法国贵族多么愚蠢和短视。

三、"法国第二央行·法国贴现银行"的"1788 年破产危机"与法王路易十六的"1789 年财政危机"

（一）"法国第二央行·法国贴现银行"的"1788 年破产危机"

法国第二央行滥发"银行券法郎"牟利，肆意剥夺着法国各阶层的财富与劳动，这种"财富转移"的效率和"滥发银行券利弗尔"的总量成正比。"法国第一央行·法国皇家银行"发行的"纸币利弗尔"就是这样破产，并导致了"密西西比泡沫"的严重后果。

欧洲银行家族通过所谓的"法国贴现银行"疯狂的滥发信用，大肆剥夺法国各阶层的财富，直接导致了1788 年"法国贴现银行"无法应对潮水一样涌向"兑换窗口"的人们，而宣布"中止兑换"。所谓的"中止兑换"

是指"法国贴现银行"不再接受其所发行的"银行券利弗尔"兑换成"等值的硬币"，这本来是人们接受"法国贴现银行"发行的私有票据的依据。实际上，"法国贴现银行不仅破产了"，世袭股东们还欠下了法国各阶层一笔天文数字的债务。愤怒的人们如同约翰·劳时期一样，拿着大量的"银行券"要求法国政府对外国银行家进行"清算"。

这个事件把垄断银行家族逼到了角落，他们一方面绝对不能"接受真正的审计和清算"（这等于要了银行家的命，骗局就会被揭穿了），另一方面必须找一个"替罪羊"。

这是一个几乎不可能完成的任务，但银行家完成了，并且借机"将历史朝前推了一步"——他们因势利导发动了一次史无前例的金融战役。

（二）"1788年破产危机"与法王路易十六的"1789年财政危机"

1. 银行家中止了法国的信用体系，破坏了法国的财政税收——"法国大革命"爆发不可避免了

"法国贴现银行"不是一家单纯的私人银行，而是欧洲垄断银行家族共同建立的一个旨在控制法国一切财富的金融信用卡特尔，由很多欧洲银行家族参与了这个骗局。当1788年这个骗局又走上了英国银行家约翰·劳老路的时候，银行家族开始着急了。他们最怕的就是"清算和审计"，因为这本来就是一个联合了法国上层腐败贵族的金融战骗局。法国各阶层都会问一个问题："法国贴现银行"没有金币和银币的保证，凭什么"写下数字，我们就交出企业和一切财富"？

银行家在1788年宣布"中止兑换银行券"的同时，就知道"拼死一搏"的时机到了！他们联合所有的法国私人银行，突然强制回收一切贷款，停止一切业务和信用供给，中断一切信用流动，实际上发动了一场全面的金融战役。

外国银行家们通过各种私人渠道，向破产或濒于破产的法国工商业、人民散布了一个"消息"，法国国王为了自己的享乐，即将对法国人民征收"难以承受的赋税"。然后，他们中止了一切对法国皇室、政府、贵族的信用供给和金融服务，整个法国实际上陷入了一个无钱可调，有钱也无法流动的"无信用社会的局面"。银行家故意提前收回给法国工商业和个人的贷款，蓄意制造了法国社会的总破产和总经济危机同时爆发！

1789年，法国一切信用供给消失，一切信用流通消失。几乎所有的法

国企业、个人全部陷入破产，法国政府无法继续维持政府运转，因为一切税收都随着法国工商业的破产而陷入了全面枯竭。法国的军队、警察、外交机构都无法维持起码的运转，法国陷入了一个外国银行家族联合制造的紧急局面——全面的流动性枯竭！（"流动性枯竭"是2007年美国次贷危机中，华尔街发明的一个漂亮的"专业词汇"，其实际含义就是"破产"，"流动性短缺"就是"濒临破产"，而"全面的流动性枯竭"则是"全面的社会性总破产"的意思）。

2. 路易十六宣布："1789年5月5日的会议只讨论财政问题，不讨论其他议题"

路易十六不但不是一个暴君，还是一个软弱到极点的银行家手中的傀儡。他眼看着法国逐渐陷入了"停摆"的状态，却无力解决这一切，只好"出外打猎"。当时的人们误以为路易十六"贪图享乐"，后人也有这样的说法，但这不是事实。法国上层由于长期和银行家族搞联姻，结果法国的实权早就被外国银行家族控制了。此时，法国的实权掌握在瑞士大银行家、大投机商雅克·内克手中，此人还是法国的"首相"和"财政总监"，此时法国处于"法国第二央行·法国贴现银行"时期，本来就是由瑞士银行家伊萨克·潘乔德执掌。

这种现象在实行金融僭主体制的古代欧洲各国并不罕见，法国第一央行时期，也是由"法国皇家银行"的董事长英国银行家约翰·劳来出任"法国财政部长"，这种现象是金融僭主权力的体现，人事即政治。法国国王不是不想用自己的亲信，但他已经没有了实际的权力。

路易十六根本就不想，也无力摆脱外国银行家族联手在法国制造的"全面流动性枯竭"，他知道这是怎么一回事。他唯一的想法可能希望这场"闹剧"会和"密西西比泡沫"一样，导致"法国贴现银行"破产，这样也许就可以在一定程度上摆脱外国银行家族对法国政治的控制。

所以，他在1788年法国逐渐陷入全面金融危机的时候，一直四处"游猎"，静观其变。这说明路易十六不是个庸才，这个做法未尝不是一个正确的选择，因为此时法国军队就掌握在法国银行家、法国军事贵族拉法叶侯爵（此人与共济会关系密切，是共济会成员乔治·华盛顿的密友，直接参与了"美国独立战争"。应该说他是共济会的秘密成员，而且是美国真正的"国父"。但因为他有一些"忠君爱国"思想和朴素的民族主义情怀，试图充当"矛盾缓冲器"，在法国实施"君主立宪"，结果全家几乎被杀光，他从此心灰意冷，再也不敢过问银行家的"事务"了）手中，政权在瑞士银行家雅克·内克手中，财政货币大权掌握在瑞士银行家伊萨克·潘乔德手中。在这种情况下，路易十六的话有什么用？但法国的"金融危机"在1789年逐渐激化了，银行家族就让出任法国首相的瑞士银行家雅克·内克逼迫路易十六召开会议，议题是"紧急征税，缓解国家财政紧急状态。"

图片说明：法王路易十六（1754.8.23～1793.1.21，1774.8.3～1792.8.10 在位）。他一直是瑞士银行家的"笼中鸟"，是一个悲剧性的人物。他没有任何的实际权力，一生以制作各种"锁具"消磨时光。他实际上还是欧洲垄断银行家族与法国皇室联姻的后裔，他也不打算与银行家"争锋"，一直想混日子，把一切都交给了银行家族管理，也包括他自己的脑袋。1793年1月21日，他被银行家朋友砍下了脑袋。

单纯从表面来说，瑞士银行家雅克·内克这个做法似乎"很有道理"。因为此时法国政府的一切行政体系都瘫痪了，国家陷入了空前紧急的状态，必须一些信用来支付最低限度的政府运作。但实际上却明显是在蓄意激化矛盾，因为此时法国经济已经全面崩溃了，根本原因在于外国银行家族联手制造法国的流动性枯竭。此时，宣布"征收紧急税款"不仅收不到钱，反而会把法国各阶层的愤怒焦点从外国银行家身上转移到法王路易十六身上，这就是"法国首相"瑞士银行家雅克·内克逼迫路易十六召开"1789年5月5日三级会议，提出紧急征税"的真实原因。

3. 法国此时实际应该采取的措施

（1）抽调法国各地尚还听从法国国王调遣，至少忠于法国民族的军队，混合编组，立即逮捕以瑞士银行家伊萨克·潘乔德为首的金融诈骗集团成员，依法公开审判，迅速平息法国各界对于"法国贴现银行"的怒火。

（2）依法查账、公正审判、首恶必办、缩小打击面。要迅速公布"法国贴现银行""空手套白狼"的账目，很有可能根本就没有账目，那就公布这个事实。打击几个主要的外国银行家，对于参与"法国贴现银行"的"股东"，尤其是军事贵族，要在第一时间公布王令，保障其股权不变成一堆废纸。

（3）立刻宣布接管"法国贴现银行"，并实施国有化，改名为"法国皇家贴现银行"（对于"中小股东"进行双倍"赎买"），发行新图案的银行券。对于所有接受这种国有银行券的商户、个人，实施免税3年的优惠（政府支出以"国有银行券"为主，用一定程度的通货膨胀为代价，最大限度地缓解已经尖锐到极点的社会矛盾和信用枯竭，暂解燃眉之急，再徐徐增税，慢慢让经济走上正轨，此间可颁布紧急状态法令，先让经济慢慢缓过来再说），让大面积破产的法国工商业和小手工业者有恢复的机会和希望，这可以凝聚社会共识，缓解社会矛盾，坚挺"国有银行券"，分化金融僭主体制，让法国民族利益统一到同一面旗帜下。

（4）明松暗紧，对于法国境内的刑事犯罪依法进行严厉打击，这有助于稳定国内局势，又是法国工商业和手工业者最难以忍受的"社会弊端"之一，这也可以打击"别有用心者"。

（5）国王搬出皇宫，做出一个"卖国宝，还法国民众私债，与民共苦"的姿态，同时国王进驻可靠的兵营，可自保，还可以巩固军权。

（6）从此收回法国金融货币权力，重建法国军队，凝聚法国民族利益与舆论共识，准备好与国际金融资本的第二轮较量，也是必然会到来的反扑。

实际上，路易十六并不简单，他看出了法国"经济危机"的实质——"流动性枯竭"，发行了一种"带息纸币"，但被外国银行家与"银行代理人"在法国贵族中的势力联手扼杀了，"法国大革命"的爆发不再有任何悬念了，他只好"出外打猎，以求自保"。可以说：路易十六的决策方向对，但整体措施不到位，手太软。问题在于，他和许多法国贵族一样没有预料到现在的银行家不再是"约翰·劳"了！

（三）银行家动手了

1. 银行家控制了"三级议会"——"法国首相" 瑞士银行家雅克·内克的"重大"提议

路易十六在 1774 年登上王座时，代表法国三个等级（大贵族、大教士、大商人）的三级会议（Estates General）已经有 164 年没有召开。1789 年 5 月 5 日，由于法国首相的瑞士银行家雅克·内克逼迫，也由于法国全国性的流动性枯竭已经危及法国的稳定。路易十六被迫在凡尔赛宫召开三级会议，由担任法国首相的瑞士银行家雅克·内克逼迫提出"紧急征收特别税"的建议，他同时提出将"**大商人**"在"**三级议会**"中的投票权增加一倍。这样银行家基本就在"三级议会"拥有了"多数表决权"，"法国第二央行·法国贴现银行"实际上控制了法国的议会，此后"议会"就等同于"独立央行"的工具了，金融僭主体制开始发威了。"第三等级代表"（银行家的代理人）宣布："不同意增税，且增税为非法行为。"

这等于宣布了法国皇室的死刑。

2. 银行家和路易十六的较量

（1）第一回合

银行家：1789 年 6 月 17 日，外国银行家控制的"第三等级代表"宣布成立法国国民议会（National Assembly，实际上由银行家独立组成，既不是什么"平民"，也在代表法国议会整体了，是一个"金融利益集团"的产物，由外国垄断银行家族主导），国王无权否决国民议会的决议。实际上篡夺了法国的政权，"独立央行"发动了政变，外国银行家族从此正式主导了法国的最高权力。

路易十六：路易十六宣布"国民议会"非法，其一切决议无效。他命令三个等级的代表"分别开会"，想以此改变银行家对整个议会的"多数控制局面"，这个做法不可谓不对，可是太晚了。

（2）第二回合

银行家：1789 年 7 月 9 日"国民议会"宣布改称"制宪议会"，要求制定宪法，限制王权，直接触及了整个法国传统贵族的统治地位，实际上也宣布了法国民族政权和"法国三级议会"的终结，加入了欧洲的跨国金融僭主体制。这个所谓的"制宪议会"是颠覆了议会制度，而不是建立了议会制度，这个"议会"甚至连"三级议会"的代表性都大大不足，仅代表外国银行家的"第三阶级"（自称"法国平民"，但这些银行家甚至都不是法国人）。

路易十六：路易十六知道一切都完了。1789 年 7 月 12 日，银行雇佣军打着法国民众的名义开始占领法国的各个重要机构。可怜的路易十六只能依靠瑞士雇佣军与瑞士银行家族控制的"独立央行"的银行武装进行"较量"，这是一场闹剧。

3. "法国起义者"攻打"巴士底监狱"——推翻封建专制制度的象征

1789 年 7 月 14 日，"巴黎平民"攻占了法国军事要塞"巴士底监狱"，据说死了 98 个人，"轰轰烈烈的法国大革命就成功了"。"巴士底监狱"一直被认为是"镇压法国大革命的恐怖工具和黑暗的监狱"，这个问题有些争议。

首先，"巴士底监狱"是"巴士底军事要塞"，是控制法国首都巴黎的制高点，法国保卫首都的军队驻扎在那里。庞大的军事要塞里面住着一些生活过得很好的"囚犯"。1789 年 7 月 14 日，里面一共只有 7 个"囚犯"。其中 4 个是金融诈骗犯，被"银行雇佣军"立刻释放了，估计"并不陌生"。这些所谓的"囚犯"甚至可以带着自己的家具和仆人。

因为的确有 7 个人关在里面，故此"巴士底监狱"的说法，也还说得过去。被"释放的"也不是什么好人，除了 4 个伪造票据的金融诈骗犯之外，有一个著名的共济会成员"萨德侯爵"，这是一个地地道道的恶棍，并且很有"名气"。

4. "巴士底监狱"中的"囚犯"——共济会成员"萨德侯爵"

这里提到"萨德侯爵"，经过反复的考虑，是为了让读者理解"巴士底监狱"的囚犯都是一些什么样的人，故此稍稍介绍一下这个欧洲历史上"著名的萨德侯爵"。

萨德侯爵被关进巴士底监狱是不是"迫害"？

1772 年马赛一些父母控告"萨德侯爵"在糖里掺上麻醉药，欺骗无知的小孩吃糖，然后迷倒实施侵害。这件事不论放在哪个时代，哪个国家，哪种文化，都是令人厌恶的重罪。"法国政府"放了"萨德侯爵"一马，等"萨德侯爵"坐着马车出去游玩后，宣布"缺席审判萨德侯爵死刑"，以此平息了愤怒的舆论。

古老的刺客——法国金融战役史

图片说明：萨德侯爵（1740.6.2～1814.12.2），他是共济会成员，也是瑞士附近的一个地区的"荣誉总督"，妻子出生于商人家庭，属于低级但富有的金融贵族。他以"施虐"闻名于欧洲历史。他被精神病学称为"萨德主义（Sadism）"即"施虐狂"，另一个精神病患者马索赫，被称做"马索赫主义（Masochism）"即"受虐狂"，两者齐名。二者还合并成一个词汇"SM"，即"虐待狂"，至今存在。萨德侯爵死在了精神病院中，享年74岁。

但是"萨德侯爵"被关进了"巴士底狱"却不是由于此事，而是被他的丈母娘（"金融贵族"的一员）告上了法庭，并且是找到了法国国王告的"御状"，弄了一张国王签发的逮捕令，法国是"刑不上大夫"的。"萨德侯爵"的妻子瑞内·佩拉吉·德·孟特瑞尔也不是什么正派人，两个人共同以虐待仆人为乐事。但"萨德侯爵"逃亡的时候（被缺席判决死刑的时候），他跑到了妻子家的庄园居住，他拐走了妻子弟弟的"做了修女守贞节"的老婆，几乎把他的丈母娘气疯了！他的这个丈母娘特别厉害，不仅逼着瑞内·佩拉吉·德·孟特瑞尔跟这个倒霉女婿"萨德侯爵"离了婚，还找到国王把"萨德侯爵"抓住（1777 年），送进了监狱（他的死刑判决却"不了了之"了）。"萨德侯爵"奢侈惯了，受不了普通监狱的"待遇"，"多次越狱"，结果被送进了"巴士底监狱"。

这不但不是"迫害"，还是一种优待。他可以装修房间、拥有仆人、出外买书，有厨师，每日写书、下棋，但他的确已经彻底地丧失了理智，每日沉浸在可怕的幻想当中，留下了大量的"书籍"（如果可以叫做"书籍"的话），里面充斥了病态的妄想。

1789 年 7 月 14 日，他是"法国大革命"攻占"巴士底监狱"后，发现的"7个囚犯"中的一个,被塑造成"受路易十六迫害的典型"。但其实,银行家很快就发现这的确是一个疯子,不得不立刻把他关进了精神病院。此后"萨德侯爵"曾经被释放过,但"又被判处过一次死刑",后来再次被关进了精神病院,1814年就死在了精神病院中。

"攻占巴士底监狱"一共"救了"7个"被路易十六迫害的人",四个金融诈骗犯被立刻释放;剩下三个贵族(包括"萨德侯爵")都是精神病患者,被立刻转送到了"精神病院"。

全家被迫害致死的恰恰是法王路易十六。1793年1月21日路易十六和皇后玛丽·安托瓦内特、教士埃德热沃尔特一起被送上断头台,他们脑袋被铡刀切了下来。他年仅7岁的儿子"路易·查理"(即法王路易十七)开始被迫做苦工,并被迫骂自己的父母。他的叔叔普罗旺斯伯爵在逃亡中宣布他为法王路易十七[他要诱使银行家杀死这个孩子,不仅铲除一个皇位继承对手,提高了自己在皇族中的威信(显得他"识大局、知大体"),这个孩子如果被杀则是"银行家的历史污点",如果银行家不杀这个孩子,甚至优待他,则是"叔叔的功劳"。如果有一场卑鄙者的竞赛,冠军是谁还很难说呢!],这件事害了这个孩子。他被银行家("第三阶层")关在暗无天日的地牢中,整整三年。每天仅仅给一顿饭,大小便就在地牢小屋中,从来不给打扫,最后活活折磨死了这个未成年的孩子。他的尸体还被"解剖",心脏被泡在了酒精里,据说是"纪念或者研究"之用,因为有人说他死于"疥疮"(这毫不奇怪)。当时,法国一片恐怖,法国皇室、贵族、民族工商业者每天被杀,根本就没有墓地,有一个大坑,就把小小的路易十七扔进了大坑,后来由于无法在堆积如山的腐烂尸骨中找到一个"被解剖过的小孩子的残躯"。所以,还有一些传说"路易十七"没有死,成功地逃跑了。

但这只是一个故事,路易十七如果按照族谱,也可追溯到欧洲垄断银行家族,他也是一个大银行家的后裔。但银行家眼中没有亲情,即便是一个孩子,也要杀死。原因很简单:法国金融僭主体制已经"成熟"了,不再需要"尾大不掉"的传统贵族做"银行代理人"了——银行家族要"换马"了。(银行家族不定期铲除旧的代理人阶层,是吸取了美第奇银行的"成功的经验",反过来说对"威尼斯主流银行家"来说,就是教训)。

图片说明：法王路易十七（1785.3.27～1795.6.8），他并没有当过国王，是个未成年的小孩子，不过是欧洲垄断银行家族在法国的金融僭主体制"巩固"过程中的牺牲品。

1989 年 7 月 14 日，法国庆祝革命 200 周年的庆典上，法国总统密特朗表示："路易十六是个好人，把他处死是件悲剧，但也是不可避免的。"

法国传统贵族体制要为他们自己的灭亡负责，腐败透顶的法国传统贵族体制完蛋本身并不是坏事，但替代传统贵族体制的世袭金融僭主体制却更加糟糕。金融僭主体制丝毫没有摆脱传统贵族的世袭家天下体制的一切不足，反而强化了这些特质，更加"成功"地实现了血缘世袭。所以，欧洲古代的金融僭主体制是一种历史的倒退，而不是进步（即便和欧洲传统贵族体制相比，也是如此）。

攻占"巴士底监狱"是一场典型的资产阶级革命不假，那里也竖立过一块"我们在此跳舞"的小牌子，但却没有砸碎镣铐的自由人在那里载歌载舞，"巴士底要塞"不过是换了一个新主人。

第四章

"法国大革命" 的两大成果

一、从 "法国大革命" 的起止，看 "法国大革命"

图片说明：这是始建于 12 世纪巴士底军事要塞，原用于保卫巴黎古城东门，但巴黎城扩建，就成了控制巴黎的战略制高点，一个政变者必须占领的军事基地。从结构图就可以看得出来，这不是什么 "监狱"，而是一个典型的古代欧洲军事防御 "塔"，

面积也不大。

（一）法国大革命的起因之一

"法国大革命"是瑞士银行家伊萨克·潘乔德为代理人的欧洲垄断银行家族在法国建立的"法国第二央行·法国贴现银行"所发行的"银行券利弗尔"信用崩溃，引发的严重政治后果。直接的导火索是法国政府、商业没有"可靠的信用符号"可以使用了。法王路易十六发行的"带息券"（其实是一种国有货币），被银行家族否决了。

瑞士大银行家、大投机商雅克·内克强迫路易十六在整个法国陷入"全面流动性枯竭"的紧急状态下，宣布向"法国各界征收紧急税收，维持国家运作"（这并不是路易十六的方案，路易十六试图发行"政府法币"解决"流动性枯竭"，方案是对的，但这时根本"无税可征"）。这当然引起了法国社会一系列复杂和深刻的政治危机。

（二）法国大革命的开始时间

"法国大革命"开始的标志却是银行的瑞士雇佣军占领巴黎的"巴士底要塞"，即 1789 年 7 月 14 日，为"法国大革命正式开始的时间"（"法国第二央行·法国贴现银行"的信用崩溃是 1788 年发生的，1789 年法国陷入了全面的"流动性枯竭"）。

之所以攻占"巴士底监狱"如此重要，以至于被看做是"法国大革命"成功的标志，主要在于这等于攻占了巴黎卫戍的制高点，"噎住了法国的咽喉"，摧毁了法国皇族权力的象征。

（三）法国大革命的结束时间

1. 两种观点

"法国大革命"同样也是"法国第二央行·法国贴现银行券"破产的结果，"法国第三央行·法兰西银行"1800 年 1 月 18 日建立，标志了这次瑞士银行家族发动的金融战役彻底结束。

整个法国金融战役史的划分是否符合欧洲历史的"惯例"呢？"法国大革命"的结束时间欧洲史学界有多种说法，其中两种观点最为流行。

第一种观点认为 1794 年 7 月雅各宾派统治的结束为"法国大革命"的终结。

第二种观点认为 1799 年的雾月政变为"法国大革命"终结的标志。

2. "雾月革命"的成果——"法国第三央行·法兰西银行"的建立

为什么世界金融战役史选择 1800 年 1 月 18 日,即"法兰西银行"建立,这个与"雾月革命"(拿破仑等人 1799 年 11 月 9 日至 10 日发动的推翻"督政府",成立拿破仑主导的"执政府")从时间上可以看出在拿破仑执政府建立后第 69 天,拿破仑就批准了外国垄断银行家族建立法国第三央行——私有的法兰西银行。

整个"独立央行"包含了"法国第二央行·法国贴现银行"的股份,并扩大了董事会。外国银行家发行的"银行券"又一次被人们接受了,也就是说从 1788 年开始震撼法国的"货币崩溃"和"信用枯竭",在这一时刻彻底"解决"了。

尊敬的读者只要回顾一下前面的内容,就会发现,英国约翰·劳的"密西西比泡沫"导致"法国第一央行·法国皇家银行"和"纸币利弗尔"破产,法国动荡了几十年;瑞士银行家伊萨克·潘乔德在 1776 建立的"法国第二央行·法国贴现银行"和其所发行的"银行券利弗尔"1788 年崩溃,此后法国经济动荡了十几年……

这一切都是一些外国银行家族在法国"凭空滥发信用"导致的"金融危机",这些所谓的"金融危机"都是真实的金融战役。不论是英国银行家约翰·劳,还是瑞士银行家伊萨克·潘乔德,他们都没有给法国投下一分钱,却凭空用鹅毛笔写下一些"数字",就凭空拥有了法国的一切财富和实体经济主导权,这就是金融战役的可怕之处和价值所在。

这些独立央行的世袭股东,控制了法国所有的实体经济,直到今天。这就是法国历史上著名的"二百家族"(法兰西银行的 200 个世袭股东)。

二、"银行家的三个步骤"

(一)谁是法国的掌权者

这个问题特别耐人寻味。罗伯斯庇尔、马拉、丹东、拿破仑都是"资产阶级"的代表人物,但他们先后被砍头、暗杀、毒死,而且还不是一个"相互攻击"的局面,都是莫名其妙地"死"了或"失败"了。军事贵族拉法叶侯爵本来是共济会体制的坚定支持者,却全家几乎被杀光。这种"混乱的局面",欧洲垄断银行家族又是如何幕后操纵的呢?

有些欧洲历史学家认为此时法国的"最高管理者"是"议会",可银行家族本来是"三级议会"中的一级,但他们以"第三阶层"的名义,组建了新的"议会",实际上抛开了所有法国各阶层,是外国银行家族的代表,他们算不算法国人都"有待商榷"。这些外国的大银行家、大商人自称"平民阶层",可法国平民对他们是又恨又怕,这个"制宪议会"的代表性比"三级议会"缩小了。

对于银行家来说:议会其实是个"讨厌的遮羞布",外国银行家族在法国大开杀戒,几乎杀光了法国的精英阶层和民族工商业者(以"二百家族"拥有法国一切财富和法兰西银行的世袭股份为替代,彻底"消灭了法国的灵魂",这个"二百家族"的核心是不是法国人,后面要专门提及),这不可能得到法国人民的支持,必然是一个暴力征服的过程,"议会的讨论"如何能完成这个"恐怖的任务"呢?!

最担惊受怕的,受害最深的就是法国平民阶层,因为"断头台"上统计的是"有头有脸的人"(外国银行家族要铲除的法国上层统治家族),包括法国商人、企业家、贵族、皇族、军人、名流等,他们的房产、财产、土地、企业、财富,全被"二百家族"接收,中间有过"倒手",但最后主要集中在这200个"法国新兴银行家族"手中,核心的银行家族却全部是外国银行世家。

"法国大革命"同样也是一场金融战役,这是个不容置疑的历史事实。这个残酷的"财富转移"的过程,至今有案可查,"二百家族",也就是200个银行家族至今拥有着法国的一切,包括"法国法郎"。

金融战役整个进程牢牢掌握在欧洲垄断银行家族手中。从机构上来说,可以叫做"**富歇密探体制**",这是一个私人拥有的银行情报机构,超越了时代,超越了政府的限制。从人事上来说,这个阶段法国金融僭主体制的代理人是"**约瑟夫·富歇**",此人一直冷酷无情地"管理着进程",直到"一切秩序恢复",他悄然隐退,不仅自称病故(但这很难说,此人之前也"差点病故一次",真假不好说,他下令酷刑拷打和不经任何审判就处决的人,数以万计,他们的家属却找不到仇人了)。

(二) 三个阶段与银行家

1. 第一阶段:"议会阶段"——银行家们独立执政阶段(1789.7.14~1793.1.21)

在法国首相、瑞士大银行家、大投机商雅克·内克(这很说明问题)的亲自安排下,将法国原来存在的"三级议会"(贵族、宗教人士、大商人阶层)中的"第三等级"(即此时完全掌握在外国银行家手中的投票权),扩大1倍。然后这个颠覆了法国议会的"第三等级",自己宣布组建了一个"制宪议会"(后有其他名称,此处统一称"制宪议会"或"议会"),实际上成了法国的最高权力机构,操纵"制宪议会"的就是"法国贴现银行"背后的外国银行家董事会。

但这个"法国议会",法国人民并不买账,整个法国实际上就陷入了无政府状态。银行家很无奈,就不得不吸收一些法国军事贵族和实力派加入"议会"。可这些人对于"法国大革命"为什么爆发,这些"外国银行家"是想干什么清清楚楚。他们大多倾向于"君主立宪",主张把"行政权交给国王"(这是路易十六迟迟没有被处死的原因)。

这些人在"法国大革命"爆发后,都被称作"雅各宾党人"(但其实除了都有野心之外,这是一个由各种政治势力构成的"大杂烩")。

这个所谓的"议会十七"从1789年7月14日外国银行武装占领巴黎制高点"巴士底军事要塞"开始,到1793年1月21日,"国民工会"处死路易十六、皇后玛丽·安托瓦内特和教士埃德热沃尔特为止。

这些所谓的"君主立宪派"、"温和革命派"大多是法国一些"拿不准主意是不是出卖法国的旧贵族中的实力派"和"法国民族资产阶级"。不论这些人是否愿意处死路易十六,但这个历史事件说明:他们这些后来被称做"吉伦特派"("君主立宪派"、"温和革命派"等)的"法国民族资本"下了决心或者被外国垄断金融资本逼上了绝路。

这个时期,是外国银行家族最不满的时期,也是收获最大的时期。因为本来"法国贴现银行券"崩溃了,实际上欠下了法国各阶层无法统计的巨额债务,却被外国银行家推翻了法国体制。银行家什么损失也没有,比英国银行家约翰·劳的"法国皇家银行券"崩溃时强多了。

2. 第二个阶段:"雅各宾党人时期"(1793.1.21~1793.6.2 为"前期",正式为1793.6.2~1794.7.28)

作为一个共济会员,法国大革命激进派领袖之一的罗伯斯庇尔也对法国社会造成了很大的影响。正如一些研究法国大革命的学者所言,法国大革命源于共济会密谋的思想是"其起源说的一种最古老的理论"(赵世锋. 世界上最大的秘密社团——共济会. 天津:世界文化[J]. 2006,9)。

外国垄断银行家只得到了一个一片混乱的法国，"法国议会"虽然"代表性增强"了，但法国民族资产阶级和欧洲垄断银行家族之间的矛盾迅速地成了主要矛盾（国王路易十六已经被杀了，谁拥有法国的一切和"新权力"就成了"主要矛盾"，法国民族资产阶级和外国银行家族的"商业联盟"就迅速破裂了）。

这个时期，法国民族资产阶级中的一些有识之士，感觉到他们也许"做了一件亏本的买卖"。因为当失去了法国国王的庇护后，"法国第一央行·法国皇家银行"（也就是英国银行家，法国财政大臣制造的"密西西比泡沫"那场金融战役）崩溃后的艰难复苏的法国民族资产阶级根本就无力和欧洲垄断银行家族较量，而且他们发现垄断银行家"根本就不想合作，而是要抢一个痛快"！法国民族资产阶级和银行代理人不过排在了路易十六的后面。

从 1789 年 7 月 14 日"法国大革命"爆发，一场外国银行家针对法国的金融战役开始了，"社会流动性枯竭"一直没有解决。银行家躲在背后，故意把野心勃勃的法国民族资产阶级推在前面，成了法国人民的"敌人"。法国大商人阶层和贵族都感到了恐惧和不安，所以这段时间一直有联合外国军事力量攻打法国的战事出现。这种战争更多的是一种"表演"，是国际银行家族故意给法国民族资产阶级组成的"新政府"难堪。法国人民"吃不上面包"、物价飞涨、经济陷入瘫痪（外国军事干预要是真打，肯定打下来了，但银行家族起到了"决定性"的作用，外国军队一直是个"影响法国政局的因素"，但银行家一直在决定着法国的一切事物）。

1793 年 5 月 31 日～6 月 2 日（也就是路易十六被砍头后不久），银行雇佣军发动了一场针对"法国公民议会"的政变，史称"第三次起义"。这次"起义"，建立了由欧洲垄断银行家族支持的共济会组织管理的"雅各宾党人时期"，此时共济会成员罗伯斯庇尔等人，以一种空前恐怖的形式，登上了法国的历史舞台，开始为"二百家族"夺取法国全部的财富做准备——杀光法国民族资产阶级和传统贵族。

这个时期，共济会成员罗伯斯庇尔等人在今天的法国协和广场设置了"断头台"，然后就开始杀人（"断头台"早就有，但大规模杀人是从共济会罗伯斯庇尔等人开始的）。被"砍头"都是法国社会的精英，法国民族资产阶级和法国传统贵族经此一役，基本报销。

法国历史上记录在案的都是"名流"，大约 6 万人以上。没有"社会地位的人"和"没有记录在案"的"被砍头者"不好统计，因为这些文献许多被"**约瑟夫·富歇**"秘密销毁了，仅可以统计残存的一些文献。当时砍头不让人说话，都捆好，堵上嘴。然后"砍头"，"忙不过来"的时候，甚至把人捆在一起，用炮轰。地面上的血太多，砍头台还被迫换了一些地方，刽子手曾经发生过"劳累过度"昏过去的现象（参考文献：龚琛.暗战千年.陕西：陕西人民出版社.2009）。

这个阶段是"法国脱胎换骨"的阶段。法国从此以后，传统贵族，尤其是法国民族资产阶级被全部铲除，在经济领域"法国资本"不存在了，这就是为什么"法国"不是金融国家的重要原因——因为法国无所谓金融资本、实体经济，是一个全部由欧洲垄断银行家族主导的"二百家族体制"拥有一切的国家，这200个银行家，主要是几个欧洲垄断银行家族，余下的都是一些"传统贵族中依附外国银行家而形成的代理人阶层"，这些家族从经济角度影响甚微，只不过成了一个"拥有一些实体经济所有权和极少的法兰西银行股份的富豪世家"（还有一部分被国际银行家族逐渐"剔除"了，实际上"二百家族体制"在第二次世界大战以后也就保留下60%，基本由几个大银行家族在主导一切）。换句话说：法国民族资产阶级，被欧洲垄断金融资本扼杀在摇篮里，根本就没有发展起来（也就无所谓"金融国家"了，所以现代法国在接受银行家"世界央行、世界货币、世界政府"理论的时候，是"先行者"，"没有任何顾忌和反对的声音"）。

"雅各宾党人"是一个欧洲垄断银行家族"清理"法国民族资本家族的过程，残酷和疯狂到了一个令人发指的地步。如果忘记了这个时代，就无法理解什么是古代欧洲的金融僭主体制，垄断银行家族的世袭僭主拥有多么可怕的生杀大权！更为宝贵的是：**这是一切试图"联合"跨国垄断银行家族出卖本国利益的欧洲贵族、银行代理人阶层和大商人阶层的"永恒的教科书"**。

"警察机关，如同我所感觉到的，必须预见并阻止犯罪的发生，以便处理甚至连现行法律也未能遇见的问题"富歇这样警告道。这正是大革命年代的回音。在第一执政的支持下，富歇为自己随时可以执行法庭职权以外的行动做好了舆论准备。只要他怀疑任何人有可能危及国家安全，他就可以采取"防范措施"执行逮捕而不需要充分的证据。他同时指出，"仁慈的行为不能和公共的利益相冲突"，为了公共利益可以采取非常的预防措施将某些可疑的人关押起来。但是没有人敢对什么是"与公共利益相冲突"

的定义做出明确的说明。在上任几个月后，富歇向第一执政报告道：很有可能，甚至是毫无疑问，有一些自由的敌人尚未被捕，仍然隐藏在法国。但在一致的努力下他们很难逃脱应得的惩罚。他们的行踪、言论和秘密计划都在我们的严密监视之下，我们准备打入他们的组织内部并逮捕他们。警察局具有一切监视手段，其对任务的执行是雷厉风行和绝对可靠的。在这份新的警察政策宣言中用了多么有力的词句，同样有力的是行动。难以想象此人原本不过是个学校校长，一个放飞热气球的热情的自然科学家？现在，他豢养的秘密警察横行天下，并在全国的监狱里塞满了"国家的敌人"。是谁创造了欧洲有史以来最残忍而又最有效的警察系统呢？舍约瑟夫·富歇其谁呢？（文献引用：[美]艾伦·肖姆著，贺天同译.拿破仑大传.上海：上海社会科学院出版社.2005)。

3. 第三阶段："热月党人时期"——银行家开始"清理清理者"（1794.7.28～1799.11.9）

共济会成员罗伯斯庇尔这个人犯了一个所有野心家都会犯的错误——忘乎所以。罗伯斯庇尔每天不经任何审判就"处决"无数的人，逐渐找到了"神一样的感觉"，野心开始膨胀了。此间，丹东（"雅各宾党重要成员"，"有某种温和主义倾向"，被处决）、埃贝尔（"雅各宾党重要成员"，"与丹东对立，主张增大打击力度"，被处决）、马拉（"雅各宾党重要成员"，在"家中浴池中接见共和派女青年夏绿蒂·科黛时"被刀刺死。夏绿蒂·科黛并不是"保皇党人"，甚至可能不是刺客，却被"当场抓获"，然后游街示众后"当做保皇党刺客"处决，这是一个阴谋的牺牲品）。罗伯斯庇尔此时有种"想杀谁，就杀谁，想干什么，就能干什么"的感觉。他早年是"**约瑟夫·富歇**"出资扶植的一个共济会成员，所以"**约瑟夫·富歇**"应该就是共济会的长老。但罗伯斯庇尔开始有野心了，不听话了，并且发出了一个"不明不白的威胁"，结果要了他自己的命！

"**约瑟夫·富歇**"对他逐渐不听话了，已经很不满了，实际上把他从"公安委员会"轰了出去。1794年7月初，罗伯斯庇尔停止参与公安委员会的工作。1794年7月26日，他在"国民公会"发表了4个小时的演讲，暗示将清算国民公会和公安委员会中的阴谋家和骗子，矛头直指"**约瑟夫·富歇**"。

图片说明：马克西米连·罗伯斯庇尔（1758.5.6～1794.7.28），共济会成员，"法国大革命"时期，"雅各宾派"的首脑之一。1794年7月28日被"雅各宾派"的其他成员处决。"包括拿破仑在内的一些同时代人认为他在热月期间本打算节制恐怖，惩罚滥杀无辜的富歇等人，才导致后者与罗伯斯庇尔的对手联合。"（参考文献：陈崇武.罗伯斯比尔评传.上海：华东师范大学出版社.1989）。

这个讲话可把所有的人都吓坏了，大家就请他说明"谁是要被逮捕的人"（当时所谓的"敌人"，就是要立刻砍头的人，然后财产按照罗伯斯庇尔1794年2月颁布《风月法令》，给"爱国者"一份，实际上"二百银行家族"很多就是这样发家的，很多都不是法国人，尤其是主导银行家族），但罗伯斯庇尔就是不说这些"骗子和野心家"是谁？

实际上，罗伯斯庇尔这是在威胁"法国贴现银行"的董事会成员和他们的代理人"**约瑟夫·富歇**"，这种"威胁"的目的是想得到"某种权力"，罗伯斯庇尔此时可能和后来的拿破仑一样，有了"称帝"的野心了。

罗伯斯庇尔被砍头以后（"热月政变"，其实"热月党人"就是"雅各宾党人"，不过对外国银行家更加顺从，"平民色彩"几乎没有了，罗伯斯庇尔却正好相反），"热月党人"却不是国际银行家"计划中的选择"，这个阶段是一个"脱离了银行家族"管理的时期，也是法国民族资产阶级最后一次在法国独立执政。

罗伯斯庇尔被杀，不过是银行家在"清理清理者"，仅此而已。

不久，美第奇银行的代理人拿破仑与银行家族在"法国大革命"时期的真正代理人"**约瑟夫·富歇**"，共同策划并发动了"雾月政变"（1799.11.9），建立了拿破仑"执政府"，终结了"法国大革命"（1800 年 1 月 18 日就匆忙建立了"法国第三央行·法兰西银行"，这也是一个外国银行家族主导的金融卡特尔，有 200 个世袭银行家股东，拥有了法国一切财富，史称"二百家族"）。

这场金融战役就结束了，"法国第二央行·法国贴现银行"的"私有货币崩溃了"，但其股权归入了"法国第三央行·法兰西银行"，没有受到任何追索。

三、"极度混乱中的绝对秩序"——金融僭主代理人"约瑟夫·富歇"的"密探体制"

（一）"约瑟夫·富歇"是法国金融僭主体制的奠基人

约瑟夫·富歇（1759.5.31～1820.12.26），这个人被"法国大革命"时期的大多数人忽略，被一些了解他的人小看。但是，"保皇党"、"拿破仑党人"、"雅各宾党人"对他都切齿痛恨。不仅如此，后世对他的咒骂与蔑视之声不绝于耳。约瑟夫·富歇是一个"十足的背叛者"。

可人们都忘记了三个问题：

1. 约瑟夫·富歇的力量来自何处？

2. 约瑟夫·富歇为什么可以任意伤害他想伤害的人，并不受惩罚？

3. 约瑟夫·富歇为什么可以在截然对立的"主子"手下，坐稳"警察总监"？

一句话：约瑟夫·富歇为什么敢于随时"背叛"？他"背叛"过谁吗？

如果抛开一切道德因素不谈，这场金融战役的执行者就是约瑟夫·富歇，他也是"法国大革命"时期法国的"最高统治者"，欧洲垄断银行家族在法国的代理人。

约瑟夫·富歇为"法兰西共和国"建立的"私人密探体制"和"私人情报组织"，揭开了欧洲金融僭主体制新的一页，使之达到了一个新的高度。约瑟夫·富歇对于古代欧洲的金融僭主体制贡献极大，自他以后金融僭主体制再也没有被推翻过，法国央行体制再也没有人敢于出面动摇（"法兰西银行"不过是"法国贴现银行"、"法国皇家银行"换了牌子，也出现过货币崩溃，但却无人敢于挑战和闹事，原因就在于约瑟夫·富歇建立的"私人密探体制"）。

图片说明：约瑟夫·富歇（1759.5.31～1820.12.26），法国许多个时代的"警察总监"，拥有一支脱离历届法国政府管辖的私人秘密情报组织。他是商人家庭出身，但拥有着超出其家族能力的"神秘的政治资金"来源。共济会成员罗伯斯庇尔实际上靠此人秘密资助（打官司、交通费、食宿、衣服、生活费用和大量政治资金）才走上了"法国大革命政府最高管理者"的高位；拿破仑甚至一直怀疑自己仅仅是约瑟夫·富歇的一个密探。"约瑟夫·富歇"组织了"雾月政变"，扶植拿破仑上台。

（二）"帝王"——银行家的代理人"约瑟夫·富歇"

一些法国历史学家往往认为"法国大革命"很混乱，从表面上看似乎"一会儿甲杀乙，一会儿乙杀丙，一会丙杀甲……"似乎没有一条明确的"阵线"。比如拿破仑，他根本就不是法国人，也不是科西嘉人，而是"佛罗伦萨共和国"美第奇银行家族的世袭家臣家族（顶多算个意大利人，而且是坚定的反对法国的外国人），他算"法国共和派"还是"法国皇帝派"，其实两者都不是！拿破仑甚至不是个"外国银行的买办"，而是一个美第奇银行派到法国的"总督"。

这就有了一个问题：拥护拿破仑是"爱法国"吗？拿破仑在临死前被囚

禁的时候，恨恨地说："约瑟夫·富歇是一个完美的背叛者。"可"约瑟夫·富歇"又凭什么要忠于"拿破仑"呢？

约瑟夫·富歇出生于一个商人家庭，他是一个渴望不择手段出人头地的野心家。大名鼎鼎的罗伯斯庇尔不过是他提供资金扶植起来的一个走卒，又被他砍了脑袋。单凭这一件事就可以认定：领罗伯斯庇尔进入现代共济会的就是约瑟夫·富歇，那些金币也来自国际银行家族。罗伯斯庇尔上台后，积极推动了"犹太商人的人权恢复"，直接创造了后来犹太银行家族成了"法国第三央行·法兰西银行"的核心股东。

约瑟夫·富歇扶植的第二个人就是"拿破仑"，就是后来的"法国皇帝"，干脆就是一个外国人。背叛了祖国不假，但在"做人"上，恰恰是罗伯斯庇尔和拿破仑先后背叛了约瑟夫·富歇。

人们之所以作出约瑟夫·富歇"背叛"好友罗伯斯庇尔和拿破仑的判断，在于后人误以为他是两个人的手下，事实正好相反。约瑟夫·富歇一点一点扶植了罗伯斯庇尔和"雅各宾党人"，建立了"雅各宾政权"，又通过"雾月政变"扶植了拿破仑上台。"法国大革命"时期的大多数酷刑和处决都是由约瑟夫·富歇策划的，到了"波旁王朝复辟时期"，即法王路易十八依然是约瑟夫·富歇"安排"了这一切，路易十八为首的"法国皇室"与约瑟夫·富歇有血海深仇，却依然"出于恢复王朝恩情，由约瑟夫·富歇继续出任警务大臣（即"法国共和国"的"警察总监"，秘密情报组织的头子，不仅仅管理着警察，且有秘密逮捕、秘密审判、秘密处决的无上特权）"。

（三）"约瑟夫·富歇"到底属于哪个银行家集团

从后来"法兰西银行"的"大股东"来看，奥地利犹太银行家罗思柴尔德家族、"古佛罗伦萨共和国"的美第奇家族、其他一些"古威尼斯银行家族"、"瑞士银行家族"占据了绝对控股地位，其中拿破仑代表的美第奇家族是核心。

从约瑟夫·富歇扶植拿破仑上台，称为"法国执政"的历史事件可以看出约瑟夫·富歇至少与美第奇家族有紧密的联系。但从一个事件可以看出更多的是代表"奥地利垄断银行家族"的利益，他应该是罗思柴尔德银行家族的代理人（但这个问题要复杂得多，后面要专门提及）。

维也纳银行家事件

"维也纳"是"奥地利帝国"的首都，当时控制奥地利信用的是"王室理财人"犹太银行家所罗门·罗思柴尔德（老梅耶·罗思柴尔德的第二个儿子）。他们实际上控制了奥地利的信用，"S. M. Rothschild and Sons"这家银行实际上就成了奥地利的"私有央行"。

"滑铁卢战役"发生在 1815 年 6 月 18 日。在当年的 4 月，发生了这样一件事："皇帝专门监视警务大臣的密探得知维也纳来了一个可疑的人，以维也纳某银行职员的身份出现，直接找到奥特朗托公爵。密探背着警务大臣跟踪了这使者，最后逮捕了他，把他送往爱丽舍宫某殿去见拿破仑。在那里，人们不断吓唬他，威胁要立即枪毙他。结果他终于供认他替梅特涅带了一封信给富歇，信是用隐形墨水写的，建议各自委派代表在巴塞尔晤谈，拿破仑勃然大怒。"（文献引用：[奥]斯蒂芬·茨威格著，侯焕闳译.一个政治家的肖像——约瑟夫·富歇传. 上海：上海远东出版社. 2006）。

"皇帝"指拿破仑、"警务大臣"指"约瑟夫·富歇"、"梅特涅"（1773.5.15～1859.6.11，奥地利官廷代言人，一生担任过驻法德大使、奥地利外交部长、首相等要职，在当时是"奥地利"的王室代言人）则是一个在"奥地利"呼风唤雨的能人，他所代言的"银行家"，除了罗思柴尔德家族，别无二家（别的银行家"支使"不动此人）。

"维也纳银行家事件"直接导致了拿破仑和约瑟夫·富歇摊牌，但拿破仑就是没有勇气处决此人，他甚至在开会的时候，递给约瑟夫·富歇一把刀子，然后说："你拿这把刀子捅我的胸膛，总比你现在的所作所为光明正大些。我本来可以枪毙你，全世界都会赞成。如果你问我为什么没有这样做，我可以告诉你，我是太看不起你了，在我的眼里你是太渺小了。"

拿破仑一生杀人如麻，他甚至毒死过几千忠于自己的受伤士兵（参考文献：龚琛. 暗战千年. 陕西：陕西人民出版社. 2009）。他已经预感到了自己的失败，试图给自己留条后路，不想加深自己和欧洲垄断银行家族之间的裂痕。

罗伯斯庇尔和拿破仑都是约瑟夫·富歇扶植的"前台管理者"，约瑟夫·富歇是欧洲垄断银行家族在法国的"总督"，拿破仑杀他，就代表着和银行家彻底决裂。事实上，罗伯斯庇尔和拿破仑先后出于野心和贪婪，背叛了恩主，约瑟夫·富歇。他们都想把法国变成自己的"王国"，前者被杀了，后者"当上皇帝后"被抓了起来，毒死了。

约瑟夫·富歇全身而退，富甲一方（至少有 0.2 亿利弗尔的财富。人们带一个几克、十几克的黄金首饰就感觉很有面子了，这笔钱当时在北美可以买下一大片土地），年老时娶了 26 岁的美貌贵族（德·卡斯特梁伯爵小姐，她和青年蒂博多私通，几乎私奔，这是"约瑟夫·富歇"唯一不如意的事。但老丈夫都怕小媳妇，他"愤怒已极，拒绝青年蒂博多进家门"，但仅此而已）。

　　1815 年 3 月约瑟夫·富歇曾说过："我的主要责任是抵制皇帝的一切计划。三个月以后我将比他强大，如果在这期间他没有下命令枪毙我，那么，我将迫使他屈膝。"由此，不妨作出一个无法证实的猜测：约瑟夫·富歇从犹太银行家族、罗思柴尔德家族那里得到了"拿破仑几个月后将经历滑铁卢的消息"……

（四）"路易十八"讨好"约瑟夫·富歇"

　　图片说明：法王路易十八（1755.11.17～1824.9.16），他从来就没有掌握过法国的权力，去世前哀叹道："我是一个连马背也跨不上去的骑士。"不，他不是骑士，而是银行家仆人的仆人。

　　在"法国大革命"期间有许多败类、野心家和无耻之徒，但如果最卑鄙的就是路易十八。他哥哥路易十六一家被约瑟夫·富歇杀死，他故意把自己被约瑟夫·富歇囚禁的侄子，封为"路易十七"，实际上增加了侄子被杀的可能性。他的侄子被"约瑟夫·富歇"杀死后，他自封路易十八。

就是这个人，被封为"警务大臣"，依然执掌着法国秘密情报系统。1773年，约瑟夫•富歇娶德•卡斯特梁伯爵小姐的证婚人是"路易十八"。 约瑟夫•富歇先后扶植了"弑君犯"罗伯斯庇尔和"篡位者"拿破仑，亲手处决了路易十八的哥哥一家人，路易十八却与之联手，还给约瑟夫•富歇证婚。

路易十八不是喜爱约瑟夫•富歇，是怕他背后的金融僭主体制。换句话说："波旁王朝的复辟"根本就不曾存在过，仅仅是银行家"打扫院子"的一个策略。

四、"法国指券"与"法国爱国银行"——金融战役中的金融战役

（一）一场史无前例的金融战役

欧洲垄断银行家族发动的这场金融战役，直接的导火索是 1788 年"法国第二央行•法国贴现银行"所发行的"银行券利弗尔"信用崩溃。这是一家外国金融皮包公司，跑到法国来"创造货币符号"，这些货币符号不过是瑞士银行家伊萨克•潘乔德为代表的欧洲垄断银行家族对法国各阶层的"财富转移工具"，一些私人写下的"数字"被当做"钱"来定价、交易和存储，不崩溃才是怪事。

"法国大革命"最终建立了"法国第三央行•法兰西银行"，构筑了一个外国垄断银行家族为主导的"二百家族体制"。那么在这"之前"和1788年"贴现银行券"破产以后，法国的信用枯竭是如何"摆脱"的呢？

（二）"密西西比泡沫"骗局的重演——"指券"

英国银行家约翰•劳在 1716 年建立了"法国皇家银行"。他的目的就是控制这个私有信用垄断机构，向法国和北美提供"信用"，也就是"凭空创造出来的数字"，从而成为"金钱世界的神"。这个被历史遗忘和误解的美洲央行是"法国西方公司"，这个由英国银行家约翰•劳拥有的私有皮包公司和"法国通用银行"，合并后统称为"法国皇家银行"。

"法国西方公司"所谓的"股票"，是一种特殊的货币"指券"。

纸币被"指定"到一定的土地，一段时期内人们认为特定的指券将代表特定的上地块，当指券涉及的土地被出卖时，有关的指券也将被销毁。1705 年约翰•劳认为用土地作抵押发行货币是安全的；1716 年和 1718 年，

他又转而以政府债券和西方公司的股票代替土地。卢西指出，约翰·劳以为他已不再以土地作为货币的抵押，但西方公司实际上代表着路易斯安那的大量土地，或者也许像罗什富科公爵所说的那样，这家公司代表着"未被发现的金矿"（[美]查尔斯·P.金德尔伯格著，徐子健，何建雄，朱忠等译.西欧金融史.北京：中国金融出版社.2007）。

英国银行家、骗子约翰·劳的诡计就是想用一个"土地货币"来逐步替代"金属货币"，也就是一个"土地本位"的概念（因为当时的人们总感觉"土地是无限的"，虽然人们知道地球是圆的，但这种感觉"根深蒂固"），并以此滥发私有信用，在也不受任何约束了。

这种"土地货币"的结局，就是著名的"密西西比泡沫"，这里就不重复了。有趣的是，"法国大革命期间"这个金融战把戏又被银行家在法国"成功地重演了一次"。

银行家的四个金融战把戏：

1. 第一个金融战骗局——"信用泡沫"变"信用枯竭"（1788～1789年）

大约从1788年至1789年是"法国贴现银行券"崩溃的时期，法国陷入全国信用枯竭。

说明：这本来是"贴现银行券"滥发导致的"信用泡沫"破裂之时，法国可以说是"遍地银行券"，怎么会"信用枯竭"呢？秘密就在于，银行家怕法国社会的矛头指向"法国贴现银行"背后的外国银行家们，就蓄意收紧硬币银根（也就是减少法国社会上的金币、银币和铜币的总量），否决法王路易十六发行政府货币（"带息政府券"，这个做法深思熟虑，路易十六很不简单。这不仅依托法国政府信用，而且给一定的"保值利息"，有利于恢复"纸币"在法国各阶层的信誉，如果实施法国不会有"大革命"，但也不会有外国银行家拥有的"法兰西银行"），"私有化的贴现银行券"又是废纸一堆，法国就突然从"信用泡沫"猛地跌入"信用枯竭"，法国各阶层都被欺骗了，误以为法国的问题是"体制问题"，银行家趁机政变，一次性攫取了法国所有的财富。

2. 第二个金融战骗局——"信用枯竭"变"信用泡沫"（1789～1795年）

"在征用和价格控制的条件下，指券养活了战场上14支军队，摧毁了阶级和特权，摧毁了君主制度，建立了第一共和国"（[美]查尔斯·P.金德尔伯格著，徐子健，何建雄，朱忠等译.西欧金融史.北京：中国金融出版社.2007）。

这个说法，不太好理解，但却恰如其分地反映了金融战役的威力！"指券"是在法国陷入严重的流动性枯竭的情况下发行的！一经发行，立刻被人们接受了，从"1000"、"500"、"200"利弗尔价值的"指券"，发展到"10～50"个苏等值的小面值"指券"。名义上不是"货币"，是一种"土地的所有权证"，但实际上又是外国银行家凭空创造的"私有货币"。

值得一提的是，这个肮脏的，完全由外国银行家"凭空创造"的纸币，却首先"凭空创造"了一个"临时央行"——"法国爱国银行"。这是世界金融战役史上最富有喜剧色彩的一幕：一大群欧洲各国的银行家，操着各种不同的语言，跑到法国。他们随身带着一块小图章，上面刻上了"法国爱国银行"几个字，然后就用这个名义"凭空创造爱国指券"，他们没有法国国籍，连法语都不说，这个"法国爱国银行券"从一开始就带有喜剧色彩，是对所谓的"法国资产阶级大革命"最真实的诠释和写照。

这个外国银行家发行的"法国爱国银行指券"诈骗了法国各阶层多少钱财呢？1795年，"法国爱国银行指券"崩溃的时候，可以统计的发行总量达到了70亿利弗尔，约等于27160吨黄金。法国不可能有这么多黄金，这是一种广义财富转移，包括：土地、金银铜、住宅、实体经济所有权、人身依附关系的建立和"一切可以用金钱来买到的东西"。所以，"指券"摧毁了法国的"旧制度"（世袭贵族体制），这毫无疑问，但更加毫无疑问的是：它带来了"新主人"——世袭金融僭主。

说明：外国银行家通过"法国爱国银行指券"，一种"不是货币的货币"，把法国从"流动性枯竭"，又猛地抛入"滥发的流动性泡沫"，一举洗劫了法国各阶层，完成了建立"法国第三央行·法兰西银行"的原始积累，彻底摧毁了法国民族资产阶级，也就是消灭了法国真正的"第三阶层"。

3. 第三个金融战骗局——"虚拟贷款、债务陷阱"（1795～1800年）

这段时间，外国银行家族取得了法国上层和民族工商业家族的一切财富和土地，然后用这些钱"贷款"给"执政者"，而国家的"税收权"却归了外国银行家族，这有一个名词叫"包税商"。实际上法国这个时期根本就没有正常的税收和支出体系，"纳税"和"借贷"都依靠外国银行家，否则连政府都无法运作，法国经济和百姓生活一直维持在一个"崩溃的边缘"，这是金融战役制造社会动荡的最具灵活性的主导区间。

说明：这个时期，法国民族工商业和民族精英阶层被一扫而空，外国银行家族用暴力劫掠来的法国财富，贷款给"法国政府"，完成了对法国的债务控制。外国银行家从用"贴现银行券"破坏法国金融财政的责任人、诈骗者，变成了"救星"和"奶瓶"，这种变化不是闹剧，而是一场赤裸裸的金融战骗局。

这个金融战骗局核心目的不是资本积累，而在于制造了一种"外国银行家合法地在法国建立金融僭主体制的基础和气氛"，也给拿破仑政变上台后，创造一个"由外国银行家族合法攫取法国货币发行权"的借口。

4. 第四个金融战骗局——外国银行家族在法国建立了"法国第三央行·法兰西银行"体制（1800 年）

这有两层含义：

（1）法国的"旧阶级"，包括：贵族、商人、宗教人士都被消灭了，法国民族资产阶级拥有的一切都归了外国银行家族，金融僭主体制彻底建立了。

（2）"论功行赏"的时候到了！

外国银行家族其实没有投入资金，也没有能力和法国整个民族抗衡，关键是法国上层背叛了自己的民族利益，也毁了他们自己。仅有极少数"新的银行代理人家族"帮着外国银行家族砍下了"老的银行代理人家族"的脑袋，然后幸运地成为了"二百家族"的成员——"法国第三央行·法兰西银行"的世袭股东。

拿破仑家族代表美第奇银行也属于"二百家族"一分子。这个股份制的"法兰西银行"就是一个巨大的金融战骗局。"注册资本"是 0.3 亿利弗尔，后来又增加到 0.9 亿利弗尔。对于滥发了 70 亿利弗尔"爱国指券"的外国银行家的收入来说，这点"小钱"不算什么！但抛开这个不谈，外国银行家族其实 1 个利弗尔也没有出，只是拿笔写下了几个数字！但这就是"钱"！这就是"控制法国信用供给"的巨大力量！这就是金融战役的威力！

"二百家族"成了"200 个银行家族"，实际上拥有了法国的一切财富。

五、虚拟经济在法国生根发芽了

"拿破仑将法兰西银行的垄断权延长了 13 年。该行的资本从 3000 万法郎增加到 5000 万法郎，然后又增加到 9000 万法郎。像英格兰银行一样，法兰西银行是由外来人建立起来的，是由有别于金融官吏和行政官吏的商人银行家建立起来的，金融官吏和行政官吏曾为宫廷卖力，但在法国革命中被消灭了。这些银行家是世界主义的，对各种事业都感兴趣，特别是国际贸易，还包括保险，那些官吏则要狭隘得多，他们在某种程度上对工业感兴趣，但主要乐意为消费贷款和为政府赤字贷款（布维耶，1973年，第78页）"（［美］查尔斯·P·金德尔伯格著，徐子健，何建雄，朱忠等译.西欧金融史.北京：中国金融出版社.2007）。

这段话本身充满了误导和偏见，但只要"仔细琢磨"就会发现，历史永远是公正的！

1. 拿破仑一手导演了"法兰西银行"的"虚拟注资骗局"。

2. "法国第三央行·法兰西银行"和"法兰西银行券"不属于法国人。

3. 法国的民族金融资本和专家（他们都是出卖法国利益，与欧洲跨国垄断金融资本"联盟"、"联姻"的急先锋），都在"法国大革命"中被"消灭了"——"法兰西银行"没他们的份。

4. "法国的央行体系"和拥有它的外国银行家族是"世界主义的产物"。

5. "银行家"的重点是保险和贸易贷款等"金融产业"，虚拟经济。

6. 在银行家族的"新的指导学说"中："预发行货币余量"被看成是"政府赤字"、"对工业和消费的兴趣"被看成是"过时和落后的观念"。一句话：自从"法兰西银行"体制在法国建立以后，虚拟经济逐渐占据了上风，利润有流失国外的内在倾向（因为国家实体经济和虚拟经济的主导权、拥有权都在外国银行家族手中），实体经济逐渐处于一种"被动的发展"，不再是"社会关注的焦点"了。

这是法国从此以后，从欧洲最领先的工业国，逐渐让位于英国、德国的深层次原因，也算是"法国金融战役"的一个副产品吧……

第五章

法兰西银行的秘密

一、"法兰西银行"和"法郎"都属于外国银行家，而不属于法国人民

拿破仑不是法国人，也不是科西嘉人，而是美第奇银行派到法国的代理人。这没有什么奇怪的，法国王室就是美第奇银行在法国最大的代理人家族，甚至由美第奇家族成员两次公开直接"摄政"（请赏读《水城的泡沫——威尼斯金融战役史》）。

吉安·加斯托内·德·美第奇（1671～1737 年）的"绝嗣"是一场闹剧（只要查一下美第奇家族的家谱，就会发现这是一个多么"枝繁叶茂"的欧洲金融僭主家族啊！包括法国王室都有美第奇家族的血统，这个银行家族何来"绝嗣"之说？可这个银行却凭空"消失"了），欧洲跨国垄断金融资本此后是否由美第奇银行家族主导，这个"主导能力"很难"具体考证"，但美第奇银行作为"古威尼斯银行家"的代言人，也是古代欧洲金融僭主家族，对于整个欧洲银行家族的影响力，一直无人能比。拿破仑就是"绝嗣"的美第奇家族在法国的代理人。

"法国大革命"期间的实际统治者，是欧洲跨国垄断金融资本在法国的银行代理人"约瑟夫·富歇"，这个人之所以可怕，关键在于他代表着银行家的意志，掌握着银行家族的情报体系（所以，约瑟夫·富歇在法国呼风唤雨，"跨越了时代"，超然于"政府更迭"之上，也不依赖"国家的情报机构"）。

法国王室是听命于跨国银行家族的代理人，除非可以带来特殊的利益，否则银行家是不会下决心铲除已经代理人化的法国传统贵族。这个"特殊的利益"，就是一个稳定的、脱离"物理限制"的、银行家族绝对主导的"独立央行体系"和"债务货币体系"。欧洲哪个银行家族在法国拥有了这样一个私有信用垄断机构，就拥有了整个法国的一切。

但这个困难很大（因为一个外国人跑到法国"写数字"，让"法国人"

拿这些"数字"当"钱",然后交出一切财富和产业,并世世代代拜伏在这些"凭空写出来的数字"脚下,这个骗局的难度有多大呀?),英国银行家约翰·劳、瑞士银行家伊萨克·潘乔德都先后失败了(不是他们没有得到利益,而是这个骗局没有能够延续,仅仅洗劫了法国一次,造成了长期的动荡,却不得不重新构筑一个新的骗局,比如"法国大革命"期间的"法国爱国银行"),但拿破仑让这个狂想变成了现实。

欧洲的银行家通过约瑟夫·富歇精心培养和扶植了罗伯斯庇尔,又建立了"法国爱国银行",但"法国爱国银行指券"很快就崩溃了(后面要提及为什么只有拿破仑成功了)。银行家又让"约瑟夫·富歇"扶植拿破仑发动了"雾月政变"(1799.11.9),然后迅速建立起了一个"超越法国政治版图"的"独立央行"——法兰西银行(1800.1.18)。

这个所谓的"法国央行"根本就不属于法国,而是国际银行家族在法国开办的一个没有任何注册资本的"空头公司"。这里国际银行家族玩弄了一个骗局——拿破仑宣布这个银行由"股东出资"0.3亿法郎,可这个"法郎"却由法兰西银行"凭空创造"。所以,法兰西银行的股东们,一个子儿也没有出,就控制了法国的信用。

法兰西银行由大约 200 个原始世袭股东拥有,小股东大多是法国新的银行代理人,大股东却是外国银行家族,比如:三大股东之一罗思柴尔德家族(法语译音为:洛希尔银行,参考文献:解析新版全球贫富地图:贫富两端生存报告. 新浪网刊载:http://news.sina.com.cn/w/2007-09-27/111813985045.shtml)。

二、"法郎"="法兰西银行券",这个史实对于古代法国的意义

(一)谬传——"法郎替代了利弗尔"

前面考证过古代法国"利弗尔"的概念,所以"法郎替代了利弗尔"是一个精心传播的"谬误","利弗尔"是一种笼统的说法,实际在古代法国就是指"法郎",无所谓谁替代谁。

银行家为什么要传播这个"谣言"呢?因为,法国各阶层的"利弗尔"概念的"含金量"与"银行家的法郎"不一样,可在整个法国经济体系中,法郎是一个固定的概念。人为制造的"含金量变化",就是人为制造通货膨

胀，实施有计划的抢劫。

法郎金融战役有五个步骤：

1. 第一个步骤："荒谬的法案"

1793～1795 年，外国银行家一边发行"法国爱国银行指券"，大肆制造信用泡沫（1795 年就崩溃了），一边在"法国国民公会"通过了一个似乎"没有任何实际意义"的芽月十七日法案（1793 年 10 月 5 日）。这个法案因为是一个"货币法案"，可法国当时并不使用"法郎"（"法郎"在那时就是"利弗尔"，是一个虚拟的概念，实际货币"法国大革命"前是"法国贴现银行券"，"此时"是"爱国银行指券"，都是外国银行家凭空创造，而且都"有各种面值，相当于不同数额的法郎"，这就是银行券、法郎、利弗尔三者当时的关系，实际上大家使用的都是纸币，也就是银行家印刷的"银行券"，这些没有任何价值的"银行券"无一例外，都先后崩溃了），而是"爱国银行指券"。

所以，人们对于这个法案根本就没有注意，是个"可笑的、无实际意义的法案"。因为这个法案规定"法郎含金量 0.3225 克"，可"爱国银行指券"虽然也有各种法郎面值，可实行"土地本位"，土地价格又是变化的，金银铜实际上被排除到了法国货币体系的核心之外（举个例子：买"1000 法郎土地指券"的商品，而不是买 322.5 克黄金的商品。实际上两者根本就无法兑换，这种法案是个"技术废案"，根本无人理睬）。

外国银行家利用法国各阶层处于"法国大革命"的"震荡"中，无暇关注"理论问题"的特殊时刻，通过了一个荒谬的法案，实际上将法郎从原来的 3.88 克黄金，贬值到了 0.3225 克。为了进一步欺骗法国各界，就炮制了一个谣言："利弗尔被法郎替代了"，很多人至今还相信这个说法，令人深思。

2. 第二个步骤："1000%的暴利"

1795 年开始，"临时央行，法国爱国银行发行的指券"再次崩溃了。银行家就在法国抛出了"法郎体系"： 1 法郎等于 100 生丁（centimes），含 5 克成色 90%的白银。此外还铸造了含 6.45 克黄金、价值 20 法郎的"仑金币"（后来被称做"拿破仑金币"）。这固然是硬币，但银行家用凭空创造的"爱国银行指券"在法国套购了高达 70 利弗尔的财富，然后崩溃了。

这时发行所谓的"法郎"来替代"利弗尔"，不仅让"芽月十七日法案"突然变得有意义了，而且这个法郎的确和利弗尔不再是一回事了！银行家通过"茅月十七日法案"和"法郎与利弗尔的概念切割"，凭空制造了 1000% 的暴利！

这是什么概念呢？他们用"爱国银行指券"剥削的 70 亿法郎，经过这样一个"暴利杠杆"凭空可以制造出"700 亿法郎"，约等于 271600 吨黄金的等值财富秘密转移到了外国银行家手中。

法国当时根本就没有这么多的财富，至今也没有！这场法郎金融战役至此"搬空了法国"，除了债务，什么也没有留下。

3. 第三个步骤："有计划贬值（有计划的财富转移）"

从 1800 年，外国银行家"出资"在法国建立法兰西银行开始，逐渐进行法郎贬值，也就是不断地付出法郎数字，加深对法国实体经济所有权的转移。法国各阶层创造的财富不断地流入了"数字的魔法"，被转移到了外国银行家的腰包。

这个阶段从 1895～1960 年，直到法郎第一次崩溃。

4. 第四个步骤："新法郎的秘密"

1960 年"法郎"崩溃了，法兰西银行开始发行新法郎（Nouveau Franc），确定 1"新法郎"为"旧法郎"的 100 倍，相当于 0.1802 克黄金。

请注意：此时的 1 个"旧法郎"仅相当于 0.001802 克黄金了，"茅月十七日法案"（1793.10.5）之前，"1 法郎 3.88 克黄金"！

这里的秘密在于，外国银行家（法兰西银行 1946 年 1 月 1 日"国有化"以后，叫做"国际债权人"，继续主导着法国的货币，因为 100 多年以来，法国政府无权发行货币，必须向法兰西银行的世袭股东"借入"这些数字符号，这笔"债务"比"法郎在物理世界的实际总量"要大许多倍，因为这笔债务从来就没有发生过，是个金融战骗局，也是"独立央行"的妙处——法国政府没有了货币发行权，1946 年 1 月 1 日以前由"法兰西银行世袭股东"主导，以后由"国际债权人"主导，国有化的是一个什么都没有的空壳，哪里有什么法兰西银行，从来就没有这样一个机构，只有一层法式窗纱和后面的小秘密）进行了同等规模的财富转移，"二百家族"的富有，或者说犹太银行家族、罗思柴尔德家族这样的核心股东的富有，是无法计算的。

5. 第五个步骤："摧毁法郎，建立欧元"

2002 年 1 月 1 日欧元发行之后，法郎已逐渐地停止流通，到目前为止"法郎"已经被世界跨国垄断金融资本有计划地摧毁了，取而代之的是"国际债权人"主导的"欧元"。

法郎金融战役的过程，就是"法国第三央行·法兰西银行"全过程，"法兰西银行券"（1800 年开始发行，"二百家族"主导，1960 年第 1 次崩溃，2002 年以后逐渐退出了金融战役的大舞台）、"法国贴现银行券"（1776 年，瑞士银行家伊萨克·潘乔德等跨国银行家族主导，1788 年崩溃）、"法国皇家银行券"（1716 年，英国银行家约翰·劳等银行家集团主导，1718 年崩溃）。

这就是法国三个央行，三个"法郎"的历史（不包括"法国爱国银行券"，因为那时太混乱了，最多算半个央行）。"法兰西银行"满足了欧洲各国垄断银行家族的需要，法郎成了"欧洲货币"，法国成了世界的中心。

（二）法兰西银行管理下的世界金融秩序——"拉丁货币联盟"

私有债务货币一直有崩溃的必然性存在，因为只要存在另外一种货币，人们就倾向于使用信誉更好，购买力更强的货币，而不是几个人随手画出的数字，不论有多少政治家卷入这种骗局，有多少华丽的"政府承诺"或"特许状"，私有货币总摆脱不了崩溃的命运，这就让银行家天生有一种统一世界货币体系的冲动，因为只有这样，人们才会没有比较、没有选择，"世界货币"就可以无限度地、有计划地贬值下去，直至时间的尽头，创造出银行家族可以任意控制的"虚拟增长"。

"哥哥，如果铸钱的时候，我建议您使用与法国一样的单位，您的钱币一面印您的像，另一面印您的军队的徽标。这样整个欧洲的货币就统一了，这样对贸易有很大的好处"。——拿破仑，1806 年（拿破仑在写给他的兄弟、荷兰国王、未来拿破仑三世的父亲路易的信函）。

法兰西银行建立之后，拿破仑在欧洲推动了"第一次欧元体制"，也就是"法国货币联盟"，这时就出现了一个问题：拿破仑没有摆脱硬币的束缚，也没有摆脱权力的诱惑——他要做的是金钱世界的主人。他把法兰西银行看成自己的财产，并且四处建立分行，安插亲信。这是在拿破仑积极推行"第一次欧元体系"的同时进行的。可以想见：如果拿破仑家族主导了一个"法郎欧洲"，那么今天人们就会生活在一个"法郎世界"，而不是美元世界。拿破仑这种做法直接威胁到了奥地利银行家族、罗思柴尔德家族对法郎的主导权，也直接导致了**"约瑟夫·富歇"**与**"奥地利银行家的联盟"**，这是后来拿破仑兵败的根本原因。

图片说明：拿破仑三世（1808.4.20～1873.1.9），他被银行家扶上台后，又野心难抑。建立了"法国信贷银行"（Credit Foncier）、"法国动产银行"（Credit Mobiler）和巴黎及各省的"土地银行"，搜刮民脂民膏，并试图逐渐架空"法兰西银行"。这并不是法国政府与外国银行家的较量，而是外国银行家族和银行代理人家族的较量。拿破仑三世提出了一个"平等、权力、技术"的口号，以此复辟帝制也算一个创举（这也导致了他被银行家族"换马"，他和拿破仑一世都是现代共济会成员，同期的雨果是古典共济会成员，二者的矛盾反映了共济会性质的改变）。他联合英国挑起"第二次鸦片战争"，并"火烧圆明园"，在人类文明史上留下了肮脏的一页。1870 年 9 月 1 日，他在色当被"普鲁士军队"俘虏。1870 年 9 月 4 日，法国人民也开始起义，反对暴君统治。1873 年，他客死伦敦，结束了罪恶的一生。

这时，奥地利银行家族就推出了一个"德意志货币联盟"与"法郎货币联盟"同时存在，结果"法郎世界"随着拿破仑的必然的溃败成了泡影（前面拿破仑发现"约瑟夫·富歇"与奥地利银行家联盟都不敢动这个"手下"，而"约瑟夫·富歇"则在拿破仑任命他的时候就告诉亲信，拿破仑将在何时溃败，一切都是那么"应验"，拿破仑自己何尝不知道呢？不过是利令智昏，冒险一搏）。

法郎的欧洲货币地位，是在拿破仑三世时代确立的，因为法兰西银行实际上主导了欧洲大陆的一切金融事务，英镑对于欧洲大陆的影响力则很有限，仅由于银行家控制的"英国东印度公司"体制的存在，才让英镑被后人，尤其是"海外领地"的人们记住了这个货币的名称。

拉丁货币同盟

1865 年，在法国皇帝拿破仑三世的倡议下，比利时、法国、意大利和瑞士四国在巴黎召开会议，其目的是在欧洲采取统一的、普遍通行的铸币。四国签订了实行统一货币的协议，标志着拉丁货币同盟成立。根据协议，各国的基本货币保持原来的名称（除意大利外都称为法郎），以法国的货币体系为基础，主币的含金量都定为 0.2903225 克黄金或者 4.5 克白银，可以在各国间等值流通。主币为面值 100、50、20、10、5 法郎的金币，同时发行 5、2、1 法郎和 50、20 生丁的银币。小于 20 生丁的辅币不能在各国流通。由于有关国家此前基本上都在实行相同的货币体系，因此对经济的影响不大。拉丁货币同盟于 1866 年 8 月 1 日开始生效，到 1880 年 1 月 1 日终止。如果在 1879 年 1 月 1 日以前没有成员国提出解散要求，那么该条约将继续生效 15 年。1866 年"教廷"加入拉丁货币同盟，西班牙和希腊于 1868 年加入，奥匈帝国、罗马尼亚、塞尔维亚、黑山、保加利亚、圣马力诺和委内瑞拉于 1889 年加入。

所谓的"拉丁货币同盟"就是一个把私有货币——"法郎"，变成一个"欧元"的计划（甚至是一个"私有世界货币"的雏形），可以称做"第一欧元体制"。这个体制意义重大，因为这个"拉丁货币同盟"表明的金融僭主制度在欧洲的强大和不可挑战。但实际上影响却很小，原因在于"拉丁货币同盟"由于硬币的原因，实际上成了一个"黄金、白银、铜"的"本位同盟"，可这本来就是欧洲各国的货币本位，没有必要制定这样一个"同盟"。

银行家制定这个同盟的本质除了进行了一个统一欧洲货币体制的尝试，还依靠"账面金币符号"的逐步贬值，实现了对全欧洲的财富转移，进一步巩固了法兰西银行行，使之没有迅速的崩溃，坚持了 1 个多世纪（大约 160 年），这个意义就很重大了。外国银行家在 1795 年前后利用"法国爱国银行指券"制造了 70 法郎的泡沫，后来拿破仑又以 4% 的利息支付"法兰西银行"发行法郎的抵押债券利息（名义是"借钱"，实际是"凭空创造货币"，什么也没有借到，只是几个数字，法国政府却背上了债务）。

这笔债务有多荒谬呢？拿破仑为了让"法兰西银行"发行1个法郎的货币信用，用4%的债务进行抵押，到1960年这1个法郎货币却凭空欠下了531法郎的债务。这当然没有足够的法郎货币予以归还，每年要为1个法郎货币符号，支付给"国际债权人"（"法兰西银行"国有化以后，还继续支付，并没有停止）26个法郎。

请注意：这仅仅是1800年法兰西银行成立初期的1法郎货币"诞生"的代价，而所有法郎（"法兰西银行券"）均如此"创造"（不过每批"信用"的利率估计有变化，实际数字只有法兰西银行的世袭股东们知道）。

仅法国一国，银行家的"创造货币的利润"之大，就可见一斑，也就不难理解为什么银行家一直试图建立"欧元体制"了，也就可以理解为什么欧美银行家特别喜爱制造政府、企业、个人的债务，因为他们通过债务制造货币，有了债务，才能拥有债权，从而控制一切。

这就是"拉丁货币同盟"在世界金融战役中的重大意义——"第一欧元体制"。

三、法兰西银行为什么没有迅速崩溃

"法国第一央行·法国皇家银行"假借了法国政府的信用；"法国第二央行·法国贴现银行"拥有"法国政府的特许状"；"法国大革命"时期的"法国临时央行·法国爱国银行"拥有"大革命时期的政府授权"。这两个央行和一个"临时央行"都先后崩溃了，而"法兰西银行"一直坚持了160年，才出现了第一次"法兰银行券"（此处指1960年崩溃的"老法郎"）的垮台，而"法兰西银行"却并没有倒台，直到加入"欧洲央行"，先后坚持了200年。

"法兰西银行"和"法兰西银行券"到底有什么神奇的地方，可以把这个私有央行和私有货币体制做得如此"稳定"呢？（甚至"法郎"崩溃一次了，人们依然相信"法郎"）这里有什么秘密呢？

1. 法兰西银行跳出了硬币的樊篱，进入了完美的虚拟经济阶段

外国银行家在法国建立"独立央行"的计划一直没有中断，也没有任何的问题，如果算上"法国爱国银行"，实际上先后建立了四个央行。但"法国皇家银行"、"法国贴现银行"、"法国爱国银行"都垮了，它们发行的银行券也都垮了。

图片说明：这就是 1799 年底的雾月政变（1799.11.9～1799.11.10），这是秘密组织头目"约瑟夫·富歇"（图左举右手，脸朝拿破仑的黑衣人）扶植拿破仑取得法国最高权力的政变。作为回报，拿破仑让外国银行家族在法国建立了"法兰西银行"（1800.1.18），并以 4%的利率，向"法兰西银行"换取"法郎贷款"（实际上就是"法国政府"用法国各阶层的财富作抵押，换取外国银行家族写下的"数字符号"，拿破仑非常清楚这是个什么问题），导致法国经济和财富一直被外国银行家族控制，这些债务"不能还，也还不清，更没有发生过"。

问题就在于，这三个银行发行的银行券都过于依赖实体经济的抵押，也就是都提出了"无限额保证兑换成相应的金银、土地等"。但"独立央行体制"和"银行券"的本质是一种金融战骗局，目的是建立世袭的金融僭主体制，手段就是"凭空创造信用符号"。这就让欧洲古代的银行家族陷入了一个**"信用悖论"**——一个目的在于用毫无价值的数字符号骗取社会财富控制权的"信用体系"，如果同时宣布保持与实体商品挂钩（比如，金、银、铜和土地），就必然要准备等同于"信用符号总量"的实体商品，这样财富转移就无法完成，用信用符号夺取的社会财富与实体经济所有权，会随时被"兑换"走，这也就导致了整个骗局的崩溃。银行家为了逃避"崩溃"带来的"利益流失"，必须每隔一段时间建立一个新的央行体系和银行券体系，不断重复"建立央行—发行银行券—财富转移—信用泡沫出现—银行券崩溃—央行破产"的金融战步骤。

虽然这种重复可以为银行家带来财富，但人们会彻底丧失对纸币的信任，而去流通金属币甚至"货易货"，这就导致了银行家通过"制造信用符号"来主导社会的能力被空前地削弱。为了避免逃脱"信用悖论"，还有一条路可走，即法兰西银行之路，纸币与金银"渐行渐远"，直至最后脱钩。这绝不是说"法兰西银行"突然就成功了，而是经历了前面几个央行的不断打击，让法国实体经济所有权和金属币基本凝聚在外国银行家族手中（仅"法国外国银行指券"就剥夺了 70 亿利弗尔，约等于 27160 吨黄金），法国社会根本就没有可能在金银币体系下运行，必须依赖纸币信用。这是"法兰新银行券"得以"宣称金银本位"又与金银实际脱钩的现实基础。也就是说，法国各阶层没有选择了（金银流动性全面枯竭了）。

2. "法兰西银行"是对"暴力金融主义"的一种预演

金融主义诞生于 1913 年，其最高级的形态是暴力金融主义阶段。但不是说"暴力"在"遥远的未来"才会被银行家使用。纸币本身就是一种暴力，暴力是纸币体系的天然属性和实质，尤其是银行家族发行的私有债务货币，本身就是金融战骗局，只能依靠暴力，迫使社会成员接受。

比如"法国大革命"期间，一些外国垄断银行家在法国建立了一个皮包公司，美其名曰"法国爱国银行"，然后就发行"法国爱国银行指券"，如果法国民族资本不接受，法国老百姓不接受，就直接吊死或者砍头，家产全部没收（1794 年 2 月颁布《风月法令》，把这些没收的财产给"爱国者"。也许这样猜测有点"无端"，但拥有"法国爱国银行"的外国银行家们，可能就是那个时代"爱国者"的典范，法国人不傻，但谁敢说，谁就会被杀死）。

"罗伯斯庇尔时代的秘密警察首脑是治安委员会的头子海格，不过此人跟哈利波特毫无关系，既不是巨人更不会魔法。他会的是杀人，被称为'罗伯斯庇尔的斗牛犬'。法国历史书往往将其描述为一个带有妄想症的精神病患者，理由是他每次出门时都要在自己的斗篷下藏着一把大猎刀、两把匕首、一支手枪和两支短柄火枪以及大量的弹药。他把自己的工作简单描述为：'（按照告密名单抓捕犯人后）名字点过，头颅坠落，噗！噗！完事！'这种风格简单明确，省去了审讯的麻烦更节省了监狱的伙食，唯一的麻烦之处在于由于处决的次数太过频繁，以至于政府官员在监斩的时候会睡着，而断头台也由于附近的泥土太湿润无法吸收血液而被迫频繁更换位置，更有劳累过度的刽子手累得昏死过去的事例。"（参考文献：龚琛.暗战千年.陕西：陕西人民出版社.2009）。

约瑟夫·富歇却是"管理、执行"这一暴力政策的"最高长官"，罗伯斯庇尔和拿破仑都是他扶植和搞掉的，他杀死了法王路易十六和法王路易十七，又扶植了法王路易十八。约瑟夫·富歇的残酷在欧洲历史上是最黑暗的一页，在所谓的"中世纪"，还真找不到这样一个随便杀人的疯狂时代，这是暴力金融主义的一次预演。所以，法兰西银行得以建立，并得到巩固，法兰西银行券本身和所有其他纸币一样，都一文不值，但法国没有任何人敢于"拒收"。

外国银行家族通过赤裸裸的暴力，甚至是过度的暴力，在法国强行推行了一种由外国人发行的"纸币信用"，却由法国政府用法国各阶层税收担保（"借钱"，实质是抵押债务，换取数字），这种策略成功地反映了纸币的实质——暴力（私有纸币还天然具有金融战骗局的属性）。

3.法兰西银行券的账面流动大于"现金交易"

这个问题很有趣，"法兰西银行券"、"法国皇家银行券"（英国银行家约翰·劳）、"法国贴现银行券"（瑞士银行家伊萨克·潘乔德）、"法国爱国银行指券"（外国银行家集团）等，都不是"纸币"，而是硬币或土地！甚至约翰·劳管美洲的货币叫"股票"，"法国爱国银行指券"根本就是"土地价值凭证"（绝不自称货币）。

但实际上，都是纸币，甚至连纸币都不是，而是一些银行间账目上的数字而已。在这一点上法兰西银行做得最好！账面记录的无论是金银还是土地，都永远是数字，只要人们接受这种流动的数字，就实际上抛弃了实体经济和实体商品。银行间存储和流通的金币符号和"现金"流动之比，叫"游离倍数"，即"虚拟货币"与"现金"之比。这个概念对于金币时代的金融体系特别重要（今天也重要，但主要作用于社会控制的"游离度"，算做"社会控制论"中的一个"金融概念"了，而不再属于狭义的金融领域了）。

由于外国银行家在法国持续制造了暴力浪潮和社会动荡，法国各阶层（尤其是工商业主）特别依赖银行间转账，而不是直接携带现金，这很危险。可是在"法国大革命"以前，拿着一袋金币去买一块土地或店铺的事比比皆是，人们不需要借助银行的转账（这也不是免费的，而是一种"金融服务"）。

外国银行家在法国蓄意制造的社会动荡"驱赶"着闲散的游资和商业资本涌进外国银行家们在法国开办的各色银行，无论"法兰西银行券"是金银，还是什么其他的东西，在账目中流动的永远只能是数字，这就是虚拟经济，这就是银行家要的东西——**"一个可以宣布无限额兑换金银，又没有人来兑换的纸币体系"**。

一句话：法兰西银行和法兰西银行券的成功，绝非一日之功，也不来自侥幸，而是欧洲垄断银行家族几百年持续"努力"的结果。

四、"法兰西银行"大股东的垄断案例——"洛希尔银行"

（一）洛希尔银行就是"罗思柴尔德银行"

尤斯塔斯·莫林先生在《美联储的秘密》（最早 1952 年出版，最新版本是"[美]尤斯塔斯·莫林等著. 美联储的秘密. [法]尼斯: john mclaughlin 出版公司. 1993"）详细地介绍了欧洲银行家族，罗思柴尔德家族如何主导了英格兰银行的信用，如何建立了摩根财团，后者又如何在美国建立了美联储体制，成为纽约美联储的世袭股东，实际上取得了美元的发行权。

这个罗思柴尔德家族，在法兰西银行建立之前，就已经在奥地利实际主导了一切金融货币事务，幕后操纵着约瑟夫•富歇，通过扶植拿破仑上台，在"法国第三央行·法兰西银行"成了大股东之一。他们家族的银行在法语中就是洛希尔银行。

了解洛希尔银行有助于了解"欧元体制"和"美元体制"的关系，在世界金融战役中，则可以明白"法郎"（此处指"法兰西银行券"）和"美元"（此处指"美联储券"）不过是由同一些跨国银行家族发行的私有票据，洛希尔银行家族就是其中之一（如果不是唯一的话，因为资料极为匮乏，不能说没有其他银行家族的存在，关键是"权重"无法确定）。

所以那些宣扬"欧元体制与美元体制争斗"、"超主权货币与美元体制争斗"的人不是自己做梦未醒，就是想把世人拉入梦乡……

（二）"洛希尔银行"不属于法国人，是一个典型的外国金融机构在法国设的分行，却深刻地影响了法国金融货币事务

图片说明：法国洛希尔银行的标志。

洛希尔银行作为法兰西银行的大股东之一，实际上主导着法郎的信用供给，这个银行的利润并不受"法兰西银行国有化"的影响，"国际债权人"依然按照股份领取"股息"和"利润"。因为法国政府无权发行货币符号，必须向法兰西银行"借贷"才能取得法郎，这样积累下来的法郎"债务"由于要计算上利息，实际上大于法郎总量，并且逐年变成新债。这笔荒谬的债务人们永远也无法得知，但"国际债权人"却有权取得相应"利润"，是"合法收入"。

在第二次世界大战后的法国，有一句俗语："我没有洛希尔的钱包。"这句话的大意就是，"我可没有花不完的钱"（参考文献：让·巴贝著，梁恒，沈沫译.法国与托拉斯.北京：世界知识出版社.1957）。

法国学者让·巴贝说过："洛希尔家族的保密，达到了完美的地步，人们对他们谈得越少，他们就越满意。该行的策略是尽量利用中间人和大掮客。大掮客中的某些人，人们不是长久不知道，就是不知道他们的真正的隶属关系。洛希尔手下的著名人物不少……"（由于法国金融战役史，是世界金融战役史中的一卷，故一般不涉及现代文献和数字，此处选择第二次世界大战后，洛希尔银行的数据。参考文献："让·巴贝著，梁恒，沈沫译.法国与托拉斯.北京：世界知识出版社，1957"）。

1. 洛希尔银行的秘密控股

洛希尔银行表面上资产并不多，1945年该行资本才0.5亿法郎，1946～1954该行资本2.5亿法郎，几乎不能算做一个大公司。但其实洛希尔银行在法国实施交叉秘密控股，在法国大公司董事会中拥有110个席位，董事长11席，副董事长7席。已经去世的部长拉乌尔·多特里、比许、雷诺·迈

耶等人都是洛希尔银行的代表。

洛希尔银行建立了一系列"研究公司"，但永远不公布报告，通过这些秘密的研究和投资，实现了秘密控股，这些"公司"主要"秘密从事研究工作、探测和初步交涉。例如，斯特林多克公司、让·斯特莱森柏格公司等经理公司、资助和投资者公司、矿产与石油勘探公司等"。

2. 洛希尔银行法国分行与英国分行、其他世界家族投资形成了典型的"跨国银行家族"

洛希尔银行在英国的洛希尔父子银行和亲属控制的银行力量强大，外人无法得知其财务状况，他们也是伦敦金融城黄金的主导力量。洛希尔父子银行 1953 年领导了开发加拿大和纽芬兰的"英国纽芬兰公司"，并且是英国政府负责投资事务的"联邦开发公司"的主要股东。

洛希尔银行还同朗贝尔银行"关系密切"（两个银行家族一直关系密切，早在朗贝尔男爵时代就密不可分了），控制着比利时的洛纳公司、布吕尼公司；控制着卢森堡的"投资公司"（拥有"刚果建设公司"）；1952 年兼并了布鲁塞尔的"转账储蓄银行"，在加拿大有"广泛的活动"；洛希尔银行还同美国摩根、库恩·罗伯公司、英国帝国化学公司、德国冶炼公司有着密切的联系……

3. 洛希尔家族的力量

洛希尔银行从 1817 年就在拉斐德路 21 号，漫长的时间里积蓄了大量的财富和金融关系，"巴黎银行"或"东方汇理银行"不过类似于洛希尔家族的"雇员"。洛希尔银行一直在法国不断投资，资金充足、手段灵活，直到对这些企业实现了全面控制。

4. 洛希尔银行对"金属"、"交通"的控制

（1）铅：洛希尔银行通过庞亚罗纳公司垄断着欧洲的铅交易。第二次世界大战以后，该公司产量占据世界产量的 6%（法国产量的 75%、希腊和突尼斯的全部产出、摩洛哥的 75%、西班牙的 50%、意大利的 33%）。

（2）镍：洛希尔银行在 20 世纪 50 年代以后控制着法国全部的镍。

（3）铜：洛希尔银行通过控制英国里奥·丁多托拉斯、拉美的乌阿隆矿业公司、比利时采矿公司等，影响着世界的铜产业。

（4）欧洲铁路：洛希尔银行拥有北方公司与比利时部分铁路。

（5）世界铁路：洛希尔银行在第二次世界大战后控制了东亚滇越铁路、埃塞俄比亚铁路、大马士革安曼铁路和叙利亚支线铁路、摩洛哥铁路、多

瑙河到亚得里亚海的铁路……

5. 洛希尔银行的其他业务

百货公司、军火公司、航运公司、自来水公司（比如里昂自来水公司）、城市交通公司、经纪人公司、保险公司、冶炼公司、电气工程公司、航空装备公司、医学公司、石油公司（比如荷兰壳牌）、工程企业（比如马赛大工程企业）、非洲贸易公司、面粉公司、"巴勒斯坦·以色列公司"（这是一个"领地机构"，超越了今天公司的概念，更类似于"法国东印度公司"这一类垄断公司）……

这些仅仅是洛希尔家族不太在意的实体经济投资的一小部分，洛希尔家族最大的"投资"，主要体现在"法兰西银行"和"纽约美联储"（通过洛希尔家族在英国一手出资建立的摩根财团)的"货币发行权的主导层面"，也就是说，洛希尔家族（在英语中翻译为：罗思柴尔德家族）同时拥有着美元和法郎，这种"投资的回报"无法计算了……

五、"法兰西银行""小股东"豪富身家的新闻报道

下面是一段有关法兰西银行世袭股东"二百家族"的报道，记者用了一个耐人寻味的小标题："真正的富人是沉默的"

1800年，拿破仑成立法兰西银行，200家最大的股东当时拥有不少政治和经济权力，被称为法国最有影响力的"200家族"。1946年，法兰西银行国有化时，"200家族"已经比过去更富了。如今，不少"200家族"的后人仍然是法国的巨富。

罗思柴尔德家族已有300年历史，1800年时是法兰西银行的第三大股东，如今，罗氏家族在法国500强企业中名列第五，家族产业集中在银行、金融、博彩、酿酒等行业。当下世界上最贵的红葡萄酒之一——罗思柴尔德拉菲酒庄出品的红酒就是其家族品牌。

"200家族"的另一个代表性家族是汪代尔家族，如今已经绵延了9代，家族成员共1533人，其中78%的人仍然有贵族封号，腰缠万贯，家族产业主要集中在投资领域。家族中有些人投身社会活动，干得有声有色。塞里尔男爵目前是欧洲企业联盟的主席，另一位家族后人，德巴拉菲娅女士是国民议会议员，目前正在准备竞选巴黎市市长。

"200家族"之间通过家族联姻，不断发展和巩固了家族的财富。尽管"200家族"中有一些衰落了，但他们的后人仍然过着贵族的生活，穿

梭在上流社会之中，因为他们的祖先留下的主要是不动产和银行债券，在巴黎闹市出租一幢祖屋，就足以让他们过富贵的日子。法国的卢瓦河谷地区，众多大小城堡掩映在绿树森林之中，许多"200 家族"的后人正是城堡的继承人，他们就是那些只靠遗产就能赚钱的人。

《环球》杂志记者在卢瓦河谷采访时认识了于伯尔德莱比纳伯爵，其祖上是法国太阳王路易十四的亲随。莱比纳伯爵继承的城堡是 16 世纪建造的，至今仍保存完好。最令人震撼的是城堡周围被 14 公顷的森林包围，森林中既有骑马的马道，也有供人散步的小径。莱比纳伯爵还拥有 10 公顷的葡萄园。

六、法国历史上三个央行有什么不同

(一) 支持体系不同

1. "法国第一央行·法国皇家银行"是典型的"收买＋诈骗"模式，也就是典型的"高端主导"和"信用欺诈"等金融战策略的联合使用，其支持体系是典型的金融诈骗公司，就是英国银行家约翰·劳单枪匹马，一张嘴，然后通过银行家的"影响力"，在法国实施诈骗，制造了著名的"密西西比泡沫"。整个支持体系流于传统的诈骗模式，没有什么创新，属于"旧瓶装新酒"。

2. "法国第二央行·法国贴现银行"是典型的集团诈骗模式，由瑞士银行家伊萨克·潘乔德"领头"，组成一个欧洲跨国银行家利益集团，跑到法国建立一个"空壳银行"，然后利用瑞士银行家雅克·内克等人对虚弱的法王路易十六施加压力，并进行诱骗，得到了"特许状"，从此开始"创造货币"。这个支持体系依赖于跨国银行家族的集团力量，但更侧重于"商业层面"，故此依然是崩溃了！

3. "法国第三央行·法兰西银行"是一个"以暴力为基础，以社会金银流动性枯竭为前提的、代表广泛的"空壳私有信用垄断集团。支持这个"空壳"的是欧洲发展了几百年的跨国垄断银行家族和他们"法国大革命"期间在法国建立的"全新的银行代理人集团"。这个机构没有历史包袱，完全由外国银行家族拥有并直接控制，实际上排斥了代理人。"二百家族"中绝大多数都是法国的"银行代理人"，他们在法兰西银行所持有的股份极小，不是传统意义的"银行代理人家族"，而是一个从政治上、经济上听命于外国银行家族的家臣阶层，不负责业务管理，而是一种"准政治同盟"（因为外国银行家在法国实施控制，总要有一些法国面孔出现，也要有一个控制法国各阶层的僭主管理体系，这些家族是一个"代理人官僚阶层"，虽然都是法兰西银行的股东，有一个"银行家族"的名义，但大多并不参与货币决策和金融运作，除了一些最终演变为中小银行家族外，大多游离于金融业之外，许多最后湮没于历史之中，再也不被人记起了）。

所以法兰西银行的支持体系最为稳固，是法国历史上多个央行中的典范，其"彻底铲除了传统贵族和法国民族工商业者、金融僭主实施公开摄政（法国政府从此没有了货币、金融、经济的管理权，由金融僭主世袭拥有，这一点并不含糊，有别于传统"僭主"幕后统治的概念，具有某种直接统治的特征）"、取消了银行代理人阶层，构筑了"家臣政治联盟"，这些都给法兰西银行带来了新的生命力，垄断银行家族的成功绝非侥幸。

（二）指导思想不同

1. "法国第一央行·法国皇家银行"时期，英国银行家约翰·劳等人犹豫不决，一直在两个原则问题上不停地摇摆：第一个，"我是金钱世界的主人，还是我们的金钱世界"？第二个"是法国央行，还是世界央行"？坦率地说，第一个问题带来的摇摆是致命的，直接导致了"密西西比泡沫"的出现。当时欧洲跨国垄断金融资本至少还有几百个相互联姻的银行家族存在，英国银行家约翰·劳过早的采取了一种家族垄断，实际上是一个金融皇族体制的预演，而此时欧洲尚处于金融贵族体制阶段——皇族谁都想当，可谁当谁就倒霉（成了众矢之的）。

英国银行家约翰·劳依靠兄弟们打拼，试图在法国和北美建立一个"跨大西洋的世界央行和世界货币体系"，实际上是指导思想超越了历史条件，最终失败不可避免。

2. "法国第二央行·法国贴现银行"的"注册者"是瑞士银行家伊萨克·潘乔德，他的指导思想僵化、落后，一直把取得现实利益，凌驾于取得权力之上，甚至在董事会中，都无法得到全面的支持。但瑞士银行家伊萨克·潘乔德想把"法国贴现银行券"注入法国各阶层中，实现广泛的债务控制和使用现实，并从中获取"利息"的做法，是符合欧洲垄断银行家族一贯的"传统做法"，是一种稳妥、实用的体现，并不那么"愚蠢"。但瑞士银行家伊萨克·潘乔德的指导思想，就滞后于欧洲跨国金融资本的垄断趋势，没有理解"这种所谓的凭空创造出数字，就让他人接受的做法，必然遭到反弹"，瑞士银行家伊萨克·潘乔德最大的问题在于他没有理解"纸币即暴力"，更何况是"私有纸币"没有金融僭主直接实施的暴力，是无法让人接受而必然崩溃的。

瑞士银行家伊萨克·潘乔德的指导思想不能说"错误"，而是落后于历史（他和约翰·劳正好相反），这导致了"法国第二央行·法国贴现银行"的瓦解。

3. "法国第三央行·法兰西银行"在指导思想上，突破了历史的樊篱和"经验主义"，大胆地通过共济会组织在法国建立"约瑟夫·富歇体制"，这是一个纯粹的暴力和密探体制，彻底从肉体上消灭了法国的民族工商业者和法国银行家代理人阶层——法国传统贵族阶层。外国银行家族以脱离法国任何一个政府管理的"约瑟夫·富歇密探体制"和"法兰西银行体制"直接管理着法国的金融、货币、经济、情报、特工、内卫等一系列重要的领域，毫不留情地消灭所有试图反对外国银行家金融僭主体制的人，不管他们的政治倾向和社会地位，全部予以消灭，并彻底通过暴力和"毫不掩饰的金融战役"（最典型的就是"法国爱国银行指券"的70利弗尔的残酷掠夺）彻底在法国制造了全面的硬币流动性匮乏，使"法兰西银行券"成为必须被使用的货币，无可替代，不可挑战。

这个指导思想无所谓残酷与否，而是符合了"纸币即暴力"的历史规律，巩固了法兰西银行体制和"法兰西银行券"的发行和接受。这是外国银行家族在法国实行金融僭主体制的过程中，一个成功的社会控制范例（但是这个过程是一场典型的金融战役，也留下了巨大的隐患，对法国各阶层共享的民族利益来说，则是贻害无穷）。

（三）运作原理不同

1. "法国第一央行·法国皇家银行"时期，英国银行家约翰·劳一直试图用"纸土地"作为金融战的主要手段，从他搞"土地银行"到后来"西方公司"（"西方公司"与"法国通用银行合并"，史称"法国皇家银行"）的"开发股票"，都是围绕"土地本位"进行的"纸土地"。"纸土地"，也就是"数字土地"成了整个运作原理的核心。

这个思想很先进，后来在"法国爱国银行指券"的金融战役中被银行家们使用过一次，收获惊人，但由于土地本身比金银的限制还大，尤其是可供耕种和开发的土地，实际上很有限（实际上约翰·劳时代已经枯竭了，不过是欧洲殖民者霸占了当地居民的土地，"才让欧洲各国有一个出现了大量土地的历史错觉"），"纸土地"最后又不得不夹杂了一些"未知土地上的金矿"之类的梦幻佐料，但终归是遥不可及，最终"纸土地"运作不下去了，"买了铁锹，准备开发遥远土地的人们"也最终放弃了。

"法国第一央行·法国皇家银行"也就运作不下去了。

2. "法国第二央行·法国贴现银行"，由于"领导者"是比较保守的瑞士银行家伊萨克·潘乔德，他特别倾向于与法国传统贵族，也就是法国传统银行代理人家族合作，用大量的金钱换取了一个法国皇室的"特许状"。（英格兰银行也搞了这样一个"特许状"，但一直没有放弃金币，他们做出过一些尝试，但市场反应惊人，英格兰银行家在放弃金本位体制上耍了一些新花样，发明了"金块本位"等"伪金本位体制"，但英镑终归受到了硬币的限制，所以后来"发展"不如法郎和美元）。

这就产生了一个问题：瑞士银行家伊萨克·潘乔德的"法国贴现银行券"实际上是依靠"法国政府"的信用，但法国各阶层实际上是因为这些纸币"可以无条件兑换成硬币"才接受的。这样银行家的预期和计划和"法国第二央行·法国贴现银行"的实际运作产生了微妙而巨大的差异，最终"法国政府"的信用不再被人记起，法国各阶层争相在床铺底下存储硬币，这种结果是"法国第二央行·法国贴现银行"的设计预期与运作实践长期背离的必然结果，崩溃也就不可避免地在1788年到来了，直接导致了1789年的"法国大革命"和"临时央行·法国爱国银行"、"爱国银行指券"体系的出现。

3. "法国第三央行·法兰西银行"的运作原理和现代西方各国的央行别无二致，是西方央行运作原理的先驱典范，彻底跳出了金币体制的樊篱。在这个问题上，"法兰西银行"比"英格兰银行"、"尼德兰银行"、"威尼斯银行"等早些时候的独立央行体系要先进得多，具有划时代的意义。

从此以后，欧洲垄断银行家族昂首阔步地走入了虚拟经济的"花园"，抛下了沉重的贵金属枷锁，一脚踢开了传统贵族这个腐朽没落的银行代理人阶层，半公开的在欧洲实现了"合法"的金融僭主体制，一切货币、经济、财富从此都以"法兰西银行券"来衡量，包括金银铜，不过是由"法兰西银行券"在定价，而不是相反（虽然银行家试图让人们误以为"法兰西银行券"是金银本位，但不断"贬值"的只能是纸币，而永远与物理世界的金银铜无关，这就是法兰西银行券的历史意义）。

法兰西银行券的运作，第一次脱离了物理世界的限制，让法国经济进入了一个虚拟经济的奇特世界。银行家们利用**"物价岛效应"**，在世界范围内，让"法兰西银行券"成了实际的定价、交易、存储媒介，给法国带来了空前的繁荣和大量的实体财富。这让法国各阶层彻底忘记了外国银行家拥了法国的一切，沉浸在虚拟经济的"盛宴"中。

问题是，这些实体财富不是由法国实体经济创造的，而是由"法兰西银行券"体系在世界各地实现的财富转移机制"转移"而来的。这个过程实际是法国实体经济逐渐委靡不振的过程，也是一个法国民族工商业消失的过程。

法兰西银行的"200"个世袭股东，从此拥有了法国的一切——他们却什么也没有付出，这就是"法兰西银行"的秘密。

第六章

银行券的战争

"什么是法兰西银行的存款？谁发行钞票？谁获得利润？谁提供资金？"

——拿破仑（1810 年 5 月给银行家莫里安的密信）

一、银行券战争的历史背景

（一）"法兰西银行"与"虚拟经济"

"法兰西银行"导致了法国第一次出现了一个"虚拟经济"凌驾于"实体经济"的时代，这个"虚拟经济化"的过程，直接导致了法国经济出现了三个历史性的转折：

1. 法国经济从欧洲实体经济的霸主宝座上跌落，让位于德国。

2. 法国民族工商业消失了，取而代之是由"二百家族"复杂交叉控股的法兰西银行"实体经济部分"——这是一个欧洲，乃至世界跨国金融资本在法国的所有权分布，这些"法国实体经济"和每年创造的财富不再属于法国人民，而是属于"所有者"，这个所有者金字塔的顶端就是"法兰西银行"的核心大股东——欧洲跨国垄断银行家族。

3. 法国历史上出现了一个外国金融僭主家族、新银行代理人家族、中小银行家族、传统贵族势力残余等势力之间，围绕"银行券"发行权的混战时期，给法国人们带来了深重的灾难，法国各阶层损失惨重，实际构成了对法国民族资本的又一次打击和掠夺。

（二）什么是"银行券战争"

1810 年 5 月底，拿破仑给银行家莫里安发了一封密信，直截了当的"挑明了一系列问题"——什么是法兰西银行的存款？谁发行钞票？谁获得利润？谁提供资金？

莫里安后来回忆说："拿破仑把法兰西银行看作是他创造的，他在法国走到哪儿，就要建立一个经营贴现业务的分行，作为他坊间的纪念物。"莫里安是什么人？他是法国金融官员，代表"法兰西银行"与拿破仑进行沟通，是一个信使的角色，可通过他传递"话"，他是金融僭主与拿破仑之间的"沟通渠道"。

拿破仑为什么要"问"莫里安这些问题呢？他难道不懂这些"基本的问题"吗？不！他这是向扶植他上台的外国银行家示威，暗示"这些问题"一旦被揭露，"法兰西银行"就会垮台！

1. 拿破仑的第一个威胁——"什么是法兰西银行的存款？"

很有趣的是，"法兰西银行"并不接受法国人民的存款，而是向法国各银行提供"法兰西银行自己发行的银行券"，这是"存款"吗？换句话说，这是"钱"吗？这不过是外国银行家凭空"制造"出的数字——这就是法兰西银行的"存款"吗？

2. 拿破仑的第二个威胁——"谁发行钞票？谁获得利润？"

这个问题触及了"独立央行"这个荒谬体制的实质："独立央行"打着法国政府的旗号，却实施"独立"之实，利用法国政府的信用和法国各阶层人民的财富作担保，发行货币符号，却要求法国政府作为"担保人"，通过"独立央行"，向所谓的"国际债权人""**借入**""所谓的债务"（实际上是换取数字符号），从而把本国信用和财富凭空交给"国际债权人"，实现了金融僭主家族的世袭统治。这种"钞票"谁都可以发行，因为有法国信用和法国税收的担保，谁"发行"，谁就凭空让法国政府和人民签署了一笔"从来就没有发生过，却等同于法郎总量（由于利滚利和不可归还性，实际上后来会逐渐超过无数倍）的欠债单据"，这个"利润"背后的银行家族实际在实施金融战欺诈，是诈骗。拿破仑当然知道是谁，他故意这样做，目的在于"敲山震虎，表明自己的雄心"。

3. 拿破仑的第三个威胁——"谁提供资金？"

这个诘问就更加直接了！因为"法兰西银行"根本就不需要任何人提供资金，也就是没有任何"本钱"和"资产"的"一个空壳公司"。奥地利的罗思柴尔德、瑞士银行家伊萨克·潘乔德等外国银行家族跑到法国建立了这样一个"独立央行"，然后他们写下的数字就是"法郎"了，法国政府和人民反倒没有了管理自己货币事务的权力。这些"钱"可以取得无限的法国财富，却没有一分钱的投入。如果你拿出一张纸，上面写上一个"1000亿法郎"的数字，这根本无法购买一个"1000亿法郎等值的法国企业"，但这些外国银行家就可以，"法兰西银行还需要谁来提供资金吗？"这就是拿破仑发出的最严厉的威胁（也是拿破仑被扶植他上台的"约瑟夫·富歇"又赶下台，然后被毒死在荒岛上的根本原因）。

这封信说明了一个问题："法兰西银行"的秘密在"上层社会"，是个"公开的秘密"。这个利益之大，令无数野心家和利益集团垂涎三尺——为了做"金钱世界的神"，冒一冒杀头的危险，对很多人来说是很值得的！这个围绕"银行券（发行权）的战争"一直没有停止过，一直没有！

图片说明：此人叫"雅克·内克"（Jacques Necker，1732.9.30～1804.4.9），也有翻译成"雅克·内克尔"，是瑞士大银行家、大投机商集团在法国政府的总代理人。瑞士银行家伊萨克·潘乔德 1776 年跑到法国建立了"法国第二央行"，得到了"法国皇室特许状"。1777 年就安排瑞士银行家集团的雅克·内克跑到法国做了"路易十六的财务总监"，后荣任法国首相。这说明两个问题：1. 法国皇室已经完全沦为外国银行家集团的傀儡，"法国大革命"之前的"一切弊政"都源自银行家集团；2. "独立央行"体制在路易十六、十七时，已经凌驾于法国王室之上，瑞士银行家集团已经主导了法国的一切事务，不仅仅限于"货币事务"。

（三）银行券战争的主要"参战方"

这个问题很难说清，也不应该如此简单地下定义。因为这些殊死较量整体发生在世袭银行家族之间，有时表现为家族集团和家族集团的斗争，有时表现为"某个社会集团"和"某个社会集团"之间的斗争，不能一概而论。但是从金融僭主体制的发展来说，银行券的战争属于银行家族之间的资本兼并战争，虽然有时掩盖在不同的"说辞"之下。

整体来说有几股势力很活跃，这场战争持续了100多年，直到第二次世界大战结束，"法兰西银行国有化"，法兰西银行的控制权和"受益人"从"法兰西银行"的世袭股东集团，转移到了"国际债权人集团"手中为止。这场从1800年"法国第三央行·法兰西银行"建立开始的"银行券（发行权）的战争"才宣告结束。

1. 第一股势力

犹太银行家集团，以奥地利罗思柴尔德银行家族为代表，是最活跃，也是最后取得完胜的银行家族（犹太银行家集团内部也有激烈的争斗，后面要提及）。

2. 第二股势力

"法国金融官员阶层"，这是一个出卖法国利益，得到了"第一桶金"的叛国集团，他们"了解一切肮脏勾当和技巧"，是第一个站出来，抢夺"银行券发行权"的利益集团，也是第一批被铲除的家族。由于这个"阶层"毫无品德可谈，却又是外国银行家族不得不依赖的"法国面孔"，所以先后被外国银行家利用，又彻底铲除，一直没能形成一个固定的阶层。在这个"银行券战争期间"（1800～1946），是一个"得到利益最快，失去利益最快，被彻底铲除多次，换了几茬人"的特殊集团。

一句话就可以解释这个特殊现象：**背叛者必遭背叛，出卖者必被出卖**。银行家集团最提防的就是这批人，杀起这批人来，毫不手软。这个"阶层"的家族兴衰史，就是被外国银行家不停地扶植，又不停地杀光的历史。但后来者前仆后继，叹为观止，是世界金融战役史中一道"赏心悦目"的风景线。

例如：马拉，他是被银行家扶植，取得了充裕的竞选资金，然后直接参与了"法国大革命"，有相当的金融管理权。他参与出卖法国利益，让外国银行家在法国建立了一个荒谬的"法国外国银行"，并发行"法国爱国银行指券"(名义上也是"等于多少法郎",但实际"法郎"的意义,各有不同解释)。他如何用他的"批款特权"呢?他赤身裸体死在浴缸里,风姿出众的夏绿蒂·科黛在场,"自认是凶手"(后被处决),旁边有一张白条:"请把这5法郎的纸币交给一个5个孩子的母亲,她的丈夫为祖国献出了生命。"1793年5个法郎,约19.4克黄金,这个钱不少,理由也很"冠冕堂皇",但这是马拉和夏绿蒂·科黛第一次见面,夏绿蒂·科黛还是一个落魄贵族的成员(她很有可能很恨马拉和罗伯斯庇尔等人,虽然表面上她是一个"温和的支持者",但"不支持者"都上了断头台),马拉绝不是心慈手软、没有社会经验,对当时法国社会混乱不甚了解的"毛头小伙子"。

他不会给一个第一次见面的年轻女贵族接近1盎司的黄金,仅凭她几句话(而且后来处决"女刺客"以后,还特别宣布"夏绿蒂·科黛是处女",所以至少可以证明,她不是一个"有5个孩子的寡妇")。这种事自然很让外国银行家,也就是"雇主们"恼火,也绝不是第一次,马拉遇刺没有任何稀奇。他和罗波斯庇尔等形成的雅各宾集团是继法王路易十六集团之后,被外国银行家扶植的第一个法国金融官员集团,到路易十八"复辟"(实际上是被银行家找了回来,重新雇用),这个集团的所有家族基本被杀光了(这是第一次"换血")。

3. 第三股势力

传统贵族势力,还有一定的残余力量,是第一代银行家代理人集团的残余部分,他们基本被消灭了。此时参与的家族都是投靠各个外国银行家族的银行经理人阶层,对法国很了解,也试图在"银行券发行权"的问题上分一杯羹。

这批人基本都失败了,逐渐被新的银行经理人集团所替代。后来外国银行家的子弟法语说得越来越好的时候,他们存在的意义也就消失了,所以他们此时冒险一搏,是有一定"道理"的,也有点"逼上梁山"的意思。

4. 第四股势力

欧洲中小银行家族一直与垄断银行家族进行着殊死的"面带微笑"的较量。不论是联姻、世交都无法蒙蔽这个熟悉一切"金融僭主秘密"的阶层,他们深深地知道:"**资本兼并的终点,就只有一个主人,余下的都是奴隶。**"他们更加明白,一旦被"联姻"、"世交"所蒙蔽,家族资本被以各种形式兼并,他们的遭遇肯定不如银行经理人阶层,他们会被认真地压在社会最底层,永远也不会给他们翻身的机会,绝不会有任何亲情在里面。

所以，这个阶层对于参与"银行券战争"最坚决、最执著、最持久、最在行、最不遗余力，他们是这场金融战役中的主角。虽然他们最终全部以失败告终，但也让那个时代变得波澜壮阔，异彩纷呈，是一群失败的智者、失败的英雄。

他们的失败不在于智力、技巧和金融战术的运用，甚至在很多方面他们颇有奇谋，以小搏大，几乎险胜。他们的失败在于，他们试图在维护一个畸形、病态、世袭的金融僭主体制的同时，争夺金融僭主的皇位。这就让他们之间发生了争斗，消耗了力量，不可能结成可靠的联盟；他们与金融僭主，也就是大银行家族之间的斗争也无所谓道德，而是"阴谋对阴谋，资本对资本"，是一个"比拼资本规模的战争"，而不存在任何"新生事物具有的生命力"。

掌握了垄断金融资本力量的大银行家族取得了必然的胜利，虽然赢得这场"银行券的胜利"并不简单，但其实也没有什么悬念。

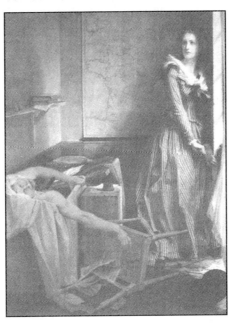

图片说明：这是"夏绿蒂·科黛刺杀马拉图"（1860，Paul-Jacques-Aimé Baudry），再现了 1793 年 7 月 13 日的这场著名的政治暗杀。

二、"法兰西银行"与"法兰西银行分行"之间的银行券战争

（一）僭主联盟现象

这有点令人惊讶："法兰西银行"会与"自己的分行"打一场金融战役吗？答案：是的！

在古代欧洲的金融战役史中，垄断银行家族常常是一个集团，最早的银行家集团是"威尼斯银行家"，但其间就发生了一场波澜壮阔的"四方参与的金融战役"，美第奇银行就是其中之一（拿破仑就是这个家族体系的延续，法国皇族也是，请看《水城的泡沫——威尼斯金融战役史》）。

目前美元世界，名义上也是由"美联储系统"共同拥有，但实际上控制权在纽约美联储银行，这中间也有过一个不为人知的较量过程。

那么为什么银行家族要建立这样一个必然会有争斗的僭主构架呢？道理很简单：金融僭主体制（一些外国书籍也称为"摄政者"，这和翻译有关）建立在金融资本高度凝结的基础之上，必然经历两个阶段——"金融贵族阶段"和"金融皇族"阶段。这不是两个"泾渭分明"的阶段，而是两种趋势的概念化描述，是根据资本不断的凝结和兼并，而相应控制在越来越少的金融家族手中的趋势出现的"对等状态"。

在金融僭主刚刚出现的时候，银行家族有强有弱、有大有小，但没有一个家族可以拥有欧洲所有的金币，要想实现银行家集团的特权，就必须在这个集团内部实现某种妥协，并建立一个"共管机制"。但每一次，跨国银行家集团在一个欧洲国家建立了金融僭主体制后，都会成功的凝结天文数字的资本，这些金币不可能均匀分配到每一个银行家族，事实总是集中到几个，甚至一个银行家族手中，这样就出现了一个**"僭主联盟现象"**一个目的在于家族世袭的金融僭主集团，却建立了一个僭主联盟作为过渡，目标和手段南辕北辙，导致新僭主体制建立之后，立刻出现僭主联盟内部的资本兼并，直至旧僭主体制瓦解，新僭主体制的确立。这个过程不断循环，直至僭主联盟由一个银行家族的成员组成，然后就开始了更加残酷的僭主皇族斗争阶段，到僭主成为孤家寡人为止，这个过程是少数人对大多数人进行财富转移的过程，也是金融僭主的代表性逐渐丧失了的过程。僭主财富的增加与僭主体制的巩固被削弱在进入金融皇族阶段后，开始成正比发展，直至金融僭主体制要么进入芯片人身统治的暴力金融主义阶段，要么进入金融僭主体制的崩溃阶段，这个过程不可避免。"友善的联盟、高

超的统治策略、联姻的甜蜜"都只能增加金融贵族时期的稳定性，而实际削弱金融皇族时期的稳定性，这是由于僭主体制是一个反道德体制，是一个伤害大多数人的体制，必须建立在背叛、自私、出卖的文化基础之上，华丽的辞藻和欺骗掩盖不了血淋淋的权力斗争，时刻面临破产与垄断扩大选择的银行家族成员比谁都明白，什么是成功，什么是失败。摩根财团的创始人说过一句话："你们赌钱，我赌命！"

（二）"法兰西银行"与"法兰西银行分行"的斗争

法兰西银行建立之时，有200个银行家族的介入，这个僭主联盟足够广泛，但核心利益却控制在几个垄断银行家族手中。中小银行家族和代理人家族不满意，就拥戴拿破仑四处建立"法兰西银行分行"。这里的秘密在于，"分行"也有"发行银行券"的特权，这就形成了一个有趣的问题：迫使法兰西银行的大股东，不敢放弃金银本位，而继续使之成为打击中小银行家的工具（因为大银行家族拥有中小银行家族无法相比的金银储备），这又反过来限制了"法兰西银行券"的滥发，客观上巩固了法币体制。

这是银行家没有想到的一个结果。

所以，"法兰西银行"的代理人莫里安就试图劝阻拿破仑，他告诉拿破仑："银行业的最重要目标是银行券代替硬币，并保持银行券对硬币的可兑换性。但法兰西银行建立地方分行将造成一些困难，因为对付流通中每一张1000法郎的银行券，就必须在好几个地方存有1000法郎的硬币，以确保在需要时可供兑换。"他这番话是欺骗，因为"法兰西银行"的股东哪里有足够的金币来兑换"法兰西银行券"呢？

拿破仑就有了上面那番话，也就是说，拿破仑明确地告诉"法兰西银行"的股东，他知道"法兰西银行"是"怎么回事"。

所以，莫里安就不好再劝阻野心勃勃的拿破仑了，虽然推翻拿破仑的计划可能从此就开始了，但在此期间，"法兰西银行"不得不批准了好几个"分行"，允许不同的银行家族发行"法兰西银行券"，这场斗争就开始了。这还给法兰西银行的大股东出了一个巨大难题和"不公平"："分行"滥发的法兰西银行券会冲击到巴黎的法兰西银行总部，甚至会要求提出兑换硬币。历史文献证明，莫里安后来抱怨过"地方票据到巴黎贴现"。

古老的刺客——法国金融战役史

图片说明：滑铁卢战役（1815.6.18）。1815年6月17日拿破仑击败由布吕歇尔将军率领的普鲁士军队，然后在滑铁卢与威灵顿公爵率领的英军对峙。他事先命令格鲁希元帅追击溃退的普鲁士军队，然后与自己在滑铁卢会合，合击威灵顿公爵。拿破仑用临时组建的军队打败了普军，又与威灵顿公爵形成了对峙，在敌众我寡的情况下，主动出击、各个击破、计划准确，堪称欧洲战争史上的典范。但他所信任的法军格鲁希元帅，"根本就没有发现逃跑的普鲁士军队"，并且在副司令热拉尔等军官团集体请求的情况下，也拒绝援助拿破仑（此时已经听见了密集的炮声，军官们都知道拿破仑与威灵顿公爵的决战开始了）。拿破仑在部队连续作战、连续以寡击众的情况下，利用法国军人的爱国热情，依然与威灵顿公爵打了一个平手，直到威灵顿公爵的援军到来，法军才彻底失败。格鲁希元帅这样做是"值得的"，他不仅在5倍于己的重围中不损一兵一卒，且于1831年任法国元帅，1832年任贵族院议员。拿破仑的另一个副手法国元帅米歇尔·内伊则在1915年12月7日被枪决（拿破仑和手下许多将军都是银行家建立的现代共济会的成员，曾经宣誓永远效忠，拿破仑还能指望什么呢）。这个生动的对比充分说明了一个问题：被跨国金融资本渗透的法国，法军上层指挥官的忠诚是用金币衡量的，一些人有荣誉感，而另一些人则感觉不必忠于一个外国人——拿破仑（在这一点上，很难说他们是对是错）。

因为这些设在里昂、鲁昂、里尔等地的"法兰西银行分行"背后有拿破仑的影子，是拿破仑家族试图用"分行银行券"冲垮"法兰西银行券"市场，然后迫使法兰西银行券体制崩溃的一个金融战诡计，其目的就是建立一个拿破仑家族控制的"法国银行券体系"，这就严重的威胁了欧洲垄断银行家族的根本利益，甚至可能导致对一些银行家族进行"彻底清算"。这样扶植拿破仑上台的银行家们，又把他推了下去，就不足为奇了。

银行家在1815年联手让拿破仑经历了"滑铁卢惨败"（1815.6.18）之后，这些"法兰西银行分行"与"法兰西银行"之间的"银行券战争"才逐渐以"法兰西银行"的全面垄断告终，"分行"消失（1815 年拿破仑战败后，立刻都被关闭了，一些中小银行家族也就永远的"消失"了），关键的"银行券发行权"集中到了"法兰西银行"手中。

三、银行家与银行经理人集团的较量——"法兰西银行"与"法兰西工商通用银行"

（一）银行家拉菲特

银行家拉菲特是"法兰西银行"诞生初期的银行经理人阶层中的杰出代表人物，也是一个耐人寻味的"典型人物"——1814～1819 年，拉菲特是法兰西银行的总裁。

这是一个所有银行家代理人可望而不可即的巅峰，他的命运似乎只有"古威尼斯共和国"的"民族英雄卡罗•泽诺"的故事可以与之媲美，充满了警世的喜剧色彩。

这个时期的"法兰西银行总裁"，横跨了拿破仑时代和路易十八时代。拉菲特又是一个多么不简单的人物呀！法国的幕后皇帝，约瑟夫•富歇把背叛了现代共济会的拿破仑一世"搞掉"之后，路易十八被拉回来成立新政府。可法国王室所有的财产都被没收了，是银行家拉菲特"自己掏腰包"，拿出了 200 万法郎，让路易十八成立了新政府。

这个事件说明，银行经理人家族已经"羽翼丰满"了，至少他们自己是这样认为的，也的确够有钱了！但他这样做，绝不是卖弄和喜爱路易十八，而是要做一笔交易——银行家拉菲特也想发行银行券！

为了和路易十八结成同盟，他在 1815 年，利用自己是"法兰西银行"总裁的"有利条件"，给路易十八批了一笔 570 万法郎的"贷款"（这其实就是送，因为这些钱是永远也不会归还的）。因为他看到了一个历史机遇：1815 年拿破仑被"搞掉"后，拿破仑所成立的"法兰西银行分行"全部被关闭了，追随拿破仑的中小银行家族大多破产了，"分行券"消失了，他就做起了"发行银行券"的美梦，导致了他的悲惨命运和一场发生在银行家与银行经理人之间的"银行券战争"。

（二）"法国工商通用银行"与"法国工商通用银行券"

银行家拉菲特非常有才干，是个金融战专家。举个例子：当时的巴黎证交所，属于一些银行家族共有，他在1818年成功地打着"救援"的名义，替"法兰西银行"股东，一举控制了巴黎证交所，还博得了一个"好名声"。

可他对"法兰西银行"却有一个"天才的计划"——他试图把法兰西银行改造成为一个"商业银行"（他在任期间一直试图说服董事会放弃"银行券"发行权，交给"地方银行"，他当然没有成功）。所以，他把1815年关闭的"法兰西银行分行"的概念又捡拾了起来，分别在鲁昂（1817）、南特（1818）、波尔多（1818）成立了一些可以发行银行券的"地方银行"，这是一股由银行经理人与中小银行家联手形成的强大势力，试图挑战"法兰西银行"的"银行券"发行的垄断——这是一笔太大的绝对利润，凭空创造"钱"的特权，谁不眼红呢？

"法兰西银行"的董事们逐渐发现了问题，1819年就把他排斥出了"法兰西银行"，但很礼貌，也没有挑明。不过大家都知道："战争"开始了！

银行家拉菲特先跑到比利时找到了一些"联盟者"，然后在1822年于比利时成了"比利时工商通用银行"，并且1825年到法国申请银行开办许可证——"法国工商通用银行"。这是一件很正常的事，虽然又是一个空壳机构，但并不比"法兰西银行"更加令人难以理解。可"法兰西银行"此时又关闭了"能够发行银行券的地方银行"，也明确的否决了银行家拉菲特在法国开办银行的申请。

银行家拉菲特一点都不傻，他提出注册资金0.35亿法郎（"法兰西银行"1800年原始注册资本0.3亿法郎），这个数字不少，但他要以"银行券"来支付，"法兰西银行"的股东对此心知肚明，不能挑明，只能不让他成立，但又不能说"这种资本注入的方式不合法"，这就是"法兰西银行"在那个历史条件下的困境（因为那时银行家都在争着发"银行券"，这个骗局不过是"人人都知道的秘密"）。

实际上在1837年，"法国工商通用银行"才得以成立，此前由于"法兰西银行"的抵制，一直以"比利时工商通用银行"的名义在法国运营，这给银行家拉菲特发行"法国货币"的计划带来了"巨大的技术障碍"——好歹也要先注册一个法国名称，再发行"法国货币"吧！否则也太离谱了！

可就这样，实际上从 1825 年开始，拉菲特竟然在犹太银行家罗思柴尔德的支持下，开始发行"5 天（3%）、10 天（3.5%）、30 天（4%）的有息债券"——这就是路易十六在 1788 年"法国第二央行·法国贴现银行券"崩溃后，试图发行的"有息债券货币"的概念。

　　坦率地说，这种"比利时银行"跑到法国"创造数字货币"的事，就更加荒谬了一些，"法兰西银行券"都显得有点"逊色"了！但运行了好多个年头！问题在于，银行家罗思柴尔德在背后支持拉菲特，这可能由于他们不满足于仅仅是"法兰西银行第三大股东的身份和权利"，试图"骑马找马、另起炉灶、两条腿走路"。

　　"银行家"拉菲特"发迹"了！

　　"7 月君主政体[小美按：指"奥尔良王朝"，"七月革命"后建立的"七月王朝"（1830～1848 年），是否属于"法国王朝"有争议，实际上连银行家的傀儡都算不上，而且"不正统"，故法国后世对此"王朝"如何界定，有多种看法]开始后，拉菲特短时期内担任了首相。6 家地区银行被建立起来：马赛和里昂（1835 年）、黑尔（1836 年）、勒阿弗尔（1837 年）以及图卢兹和奥尔良（1838 年）。还计划在夏尔特尔、弗瓦、尼姆、阿维尼翁、布尔日、内韦尔、利摩日和昂古莱姆建立银行，但都被法兰西银行成功地扼杀了，法兰西银行还否决了在鲁昂成立第二家银行。法兰西银行也竭力阻止地区银行在巴黎兑换他们的银行券"（[美]查尔斯·P.金德尔伯格著，徐子健，何建雄，朱忠等译.西欧金融史.北京：中国金融出版社.2007）

（三）银行家拉菲特的破产

　　据历史记载，1937 年银行家罗思柴尔德表现出了对拉菲特的不满："拉菲特通过极端的方便条件获得名望,他利用这些方便条件向工业提供贷款。拉菲特最大的错误是使自己对所有这些事业感兴趣……而不是将自己局限为一个单纯的贷款者并获得可靠的担保。"

　　这件事说明银行经理人拉菲特即将被"真正的银行家"抛弃，可能由于拉菲特太过招摇、野心太大引起了罗思柴尔德家族的不满；可能由于银行家拉菲特太过"保守"，过于依靠贷款牟利，而忽略了"银行券发行权"的价值（也可能是这个争夺失败了，没有希望了）；可能由于罗思柴尔德家族在"法兰西银行"中的"股份权重"上升了……总之，银行家拉菲特被抛弃了！

最初不过是拉菲特开始是佩雷戈私人银行的一名职员，后来投靠了大银行家罗思柴尔德家族，搞垮了雇主，接手了这家银行，成了"银行家"。可他被罗思柴尔德家族抛弃后，"工商通用银行"立刻开始走下坡路，"银行家"拉菲特并不简单，一直苦苦支撑着这家集聚了他毕生希望的银行，直到去世。

银行家拉菲特去世不久，"法国工商通用银行"就在1848年倒闭了，一大批跟随银行家拉菲特的中小银行相继破产。"法兰西银行"一分钱的援助也没有，董事们喝着香槟，集体看前总裁家族的破产，可能属于金融业的"传统娱乐项目"。

无论如何，银行家拉菲特的破产和"法国工商通用银行"倒闭，都是一场金融战役的终结，银行经理人家族不仅输了，而且被永远地踢出了"富人阶层"。"真正的银行家"又选择了一批更善于出卖和背叛的经理人，开始了下一轮的"新陈代谢"。

"银行家"拉菲特忘记了一件事：他不是银行家。

四、罗思柴尔德家族的"烦恼"——"背叛者的联盟"

（一）强将手下无弱兵

由于奥地利银行家罗思柴尔德家族一直是"法兰西银行券"体制中稳定受益的代表家族，人们就容易忽略他们所经历的考验与挑战，而认为"这不过是运气好"，这种看法可以理解，但不是事实。

一个强大的银行家族必然要经历对其他同样强大的银行家族对手的资本兼并，这不可避免，因为"银行券发行权"这类"金融业务"具有极强的排他性，说得更直白一些：一个本来就不合法的事物，如何让深陷其中的人们"遵纪守法，按照道德和信用行事呢"？

罗思柴尔德家族的金融资产很庞大，在法国也需要许多家族经理人，虽然有严格的家规，但不依靠雇员，一个银行是无法运营的，家族成员不可能占据每一个岗位。犹太银行经理人佩雷尔兄弟就是罗思柴尔德家族信任的高级银行雇员，他们出生于波尔多，是葡萄牙籍犹太人。兄弟二人经过多年跟随主人的银行经营，逐渐有了积蓄、人脉和野心。大哥埃米尔在18世纪40年代受到罗思柴尔德家族重用，在家族的北方铁路公司工作，然后找了机会，出来单干了！

按理说，这件事也很正常，但垄断银行家族具有强烈的人身依附趋势，不允许这种"家臣叛变"，这就带有了鲜明的家族色彩和封建色彩，是欧洲古代金融僭主体制下的一个传统，倒也不是某一个银行家族的"特产"。总之，两者之间的争斗开始了！矛盾的焦点，又是"银行券的发行权"。

19 世纪 60 年代的时候，工业银行在法国和德国也开始变得举足轻重。它们投资兴建铁路，贷款给大工厂发展重工业。这类银行中最著名的是巴黎工业信贷银行（Crédit Mobilier of Paris），它的创建者是来自波尔多（Bordeaux）的两个年轻的犹太新闻记者，伊萨克·佩雷尔（Isaac Pereire）和埃米尔·佩雷尔（Emile Pereire）。他们为自己的银行大做广告，吸引来了众多大大小小的储户。银行吸纳到大笔资金后，其活动范围延伸到了很远的地方，它投资兴建的铁路遍布法国和欧洲。正如埃米尔·佩雷尔本人在 1835 年所说的："纸张已经容不下我的宏伟计划，我必须把想法写在大地上。"（文献引用：[美]约翰·巴克勒等著，霍文利等译.西方社会史.桂林：广西师范大学出版社.2005）。

这段文献与其说反映了佩雷尔兄弟的气势，不然说反映了罗思柴尔德家族的气势——这两个影响了西方铁路发展史的银行兄弟，不过是罗思柴尔德家族私有的北方铁路公司的两个"跑出去单干的雇员"。

（二）不知详情的失败——"法兰西银行券"与硬币体制岿然不动

佩雷尔兄弟成了原雇主，也是"法兰西银行"核心股东，罗思柴尔德家族的"竞争对手"，矛盾的焦点自然集中到了"银行券的发行权"，这是"一切问题的核心"——道理很简单：挣钱再多，也大不过"凭空创造货币的权利"。

1. 佩雷尔兄弟的战术——建立联盟、树立学说、设立分行

（1）入狱的同盟者

佩雷尔兄弟对一个落魄贵族建立的银行学说很感兴趣，这个学说被称做"西蒙主义"，由落魄贵族克洛德·亨利·鲁弗雷（西蒙伯爵，1760～1825）提出。他不过是一个破产的贵族，对外国银行家族有着刻骨的仇恨，但他善于伪装，也接受了西班牙查理银行的创始人法国裔银行家弗朗切斯科·卡巴鲁斯的帮助，做了一些投机生意，又过上了相对富裕的生活。这不是他投机成功，只是一笔交易：他开始宣扬"分行主义"，试图建立"分行发行

银行券"的银行家给他资助（他可能纯粹是想如何毁了金融僭主体制，而研究出这样一个"策略"，但不是理论）。

雅克·拉菲特、佩雷尔和"佩雷尔兄弟"（伊萨克·佩雷尔、埃米尔·佩雷尔）、米歇尔·舍瓦利耶（这些人中的"笔杆子"，"环球杂志"的编辑，专门宣扬"分行主义"）等人对这个理论很欣赏，隐隐结成一个"遥相呼应的联盟"，至少是某种程度的心照不宣。

可米歇尔·舍瓦利耶突然被抓进监狱，理由却是他的一个"朋友"写了有关"女性性自由"的文章。法国宫廷糜烂、社会下层妓女是公开的职业，并不那么丢人，这纯粹是"冤案"。他与这个"朋友"立刻就闹翻了，但依然被关押到1833年才释放。

米歇尔·舍瓦利耶赶紧跑到了美国，总算活了命（1825年，"分行券主义"的创始人，克洛德·亨利·鲁弗雷却"莫名其妙的病死"了）。

这个"分行联盟"受到了严重的打击。

（2）代价惨重，但理论影响很大

之所以分行这么"得人心"，关键在于这不过是在重复骗局，根本就不需要注册，正在赏读的读者也可以投资0.3亿法郎建立一个"分行"，甚至是任意多的法郎，只要"这个分行可以发行法郎银行券"就行！这不是一场闹剧吗？

1857年，法兰西银行遭遇了一次"法律挫折"，中小银行家联手在"法兰西银行"特许状中增加了一个"法国90个县必须都设立分行"的条款（实际上也建立了54家，都有"银行券发行权"！这简直是"法兰西银行"的噩梦）。米歇尔·舍瓦利耶又跳出来提出："法国要建立200家，甚至1000家的分行。"（"法国财政部"，1867年版，第6卷，125～126、165～168页）。

1897年乔治·帕莱恩当上了"法兰西银行"的总裁，顺应潮流，支持这种观点。问题在于，这种潮流的背后，是一场围绕"银行券发行权"的殊死争夺。中小银行家族都知道，一旦大银行家族垄断了"银行券"的发行，自己不论挣多少钱，都是"人家笔下的几个数字"。

"巴黎国民银行"于1966年7月1日由"国民工商银行"和"巴黎国民贴现银行"合并组成。"国民工商银行"的前身是1913年创建的"国民商业银行"，1937年改名"国民工商银行"。"巴黎国民贴现银行"的前身是1848年由埃米尔·佩雷尔和阿希尔·富尔德共同创建的"巴黎贴现银行"，1889年改名"巴黎国民贴现银行"。这两家银行于1946年都被收归国有。

20 世纪 60 年代中期，在法国出现的资本集中和合并浪潮中组成新机构，取现名。自建立起一直是法国最大的国有银行。

这就是佩雷尔兄弟的结果，基本还是"老雇主"罗思柴尔德家族赢了。因为"法兰西银行券"的发行一直受到"国际债权人"的绝对主导，国有化影响不大，佩雷尔兄弟建立的银行却彻底丧失了"银行券发行权"，而且多次被兼并，又以商业银行的形式被国有化，只能说是"损失惨重"。

佩雷尔兄弟无疑输掉了银行券战争！

2. 法兰西银行的战术（罗思柴尔德家族的应对）——垄断小面值货币、巩固金银本位、不断制造"金融危机"

"法兰西银行"的策略非常有趣，就是阻止"法兰西银行分行"和"地方银行"发行小面额法郎，又找各种理由不接受票据（比如支票）。这样中小银行家的"银行券发行权"就被架空了。

罗思柴尔德等银行家族又依托强大的金银储备，用金币、银币和铜币冲击"法兰西银行券"，并不时制造"挤兑"。这样，"法兰西银行券"有足够的硬币支撑，可以处于一个"不断的、有计划贬值的状态"，这种挤兑反而是有利的，成了制造通货膨胀、对法国各界进行财富转移的借口。而"地方银行"和"分行"则一旦被挤兑，就会崩溃。

这里就有了一个问题：**金本位从来就不是银行家的敌人，而是金融战的工具**（因为所谓的金本位，在近代都是金币和纸币同时使用的"双货币制度"，其本质就是一场骗局和一种权力控制策略，这不是黄金本身的问题，而是银行家已经垄断了贵金属供给、存储和产能）。

五、银行券战争的结局——法兰西银行取得了胜利

（一）以退为进

"法兰西银行"和各种势力争夺银行券的金融战役，目的就是垄断社会信用供给，凭空创造货币，广义拥有所有财富。但"法兰西银行"的股东为了打击中小银行的银行券，不得不重新成了"硬币体制的支持者"。这固然打击了"分行和地方银行发行的法郎纸币"，也打击了"法郎纸币"本身。"法兰西银行"1800 年建立，可直到 1850 年法国交易中 3%用金币、90%用银币、7%用纸币（1956 年，50%、30%、20%）。所以，银行家雅姆·罗思柴尔德在 1865 年时说过："20 年前，在法国用银行券旅行是不可能的。"

代价虽高,但消灭了中小银行家和各种竞争对手之后,"法兰西银行券"的垄断发行地位自然就确立了。

(二)大宗贷款的优势

法兰西银行一直在不断地给"法国政府"贷款,不要求归还。这笔钱由于"法兰西银行"私有性质,实际上构成了世袭股东——外国银行家族(也就是后来的"国际债权人"体制)对"法国政府"(实际是法国人民)的世袭债权。假设利率是5%,100年1法郎债务就变成了131法郎;如果利率是8%,则100年这笔债务,1法郎的债务就变成了2199法郎。

"法兰西银行"也曾经公开给"法国政府""无息贷款",但这不仅是"个别案例",而且一个外国人凭空写几个数字,该国就以政府信用保证归还等值金币,这还不是天下最划算的"买卖"?

实际,只有法兰西银行和"法国政府的借款人"知道,从1800年开始,法国政府向"法兰西银行"借贷"纸币法郎"的平均利率是多少。但有一个借款总量大于法郎纸币的发行总量,且"债务人"欠"国际债权人"的债务,大于法郎发行总量。根据利率不同,在1900年前后,法国各阶层欠下的法郎债务,应该已经是法郎纸币总量的10倍以上了……

这就是银行券战争的巨大意义!

第七章

银行家的游戏——战争与死亡

一、私有制、战争、世袭体制是三胞胎兄弟

（一）追求资本，为了权力

古代欧洲的金融僭主体制，过早地凝结了资本，而且凝结的手段是金融战役，不是自由竞争。绝对强大的金融资本和私有机构，逐渐替代了"政府机构"，国家的权力空前集中到了极少数世袭金融僭主家族手中。随着"募捐体制支持下的多党制选举"、"跨国公司交叉控股体制"、"虚拟经济"的出现，真正的民主精神、现实的自由竞争和实体经济的主导地位先后消失了，仅留下一片谎言的"沙漠"和一个世袭的"黄金城堡"。

"法兰西银行"在控制法国的过程中，最重要的手段就是"制造债务"，这也是不具备银行券发行权的银行家族必然被兼并的根本原因。这不是说"法兰西银行"的股东真的那么有"钱"，而是"独立央行"的秘密就在于债务。这些债务对于"独立央行"的幕后操纵者来说，不过是给出一些数字，拿回的却是一个国家的全部信用。

这就是"央行"为什么要强调"独立"的原因，因为这个金融战骗局如果不能制造一个国家的"两个权力中心"，就无法让一个国家把货币发行的正常事务变成一个"借债的过程"，一个国家来年经济发展所需要的"预发行货币余量"，就必然以债务形式出现，也就逐渐拖垮了一个国家的"财务平衡"，必须由"国际债权人"提供信用符号才能平衡（"独立央行"建立后，法国就没有发行货币符号的权力了）。

（二）战争与金融危机

如何制造债务呢？方法太多了！最快的方法就是战争和"金融危机"。"金融危机"可以让"独立央行"背后的"国际债权人"用"资金援助"的名义，轻易地兼并大资本，让大商人、大企业家、大银行家族争相吞下，

甚至是跪地恳求赐予"甜蜜的毒药"——"流动性注入"（向"银行券"发行者借债），以避免"流动性枯竭"（倒闭、破产）。这个过程就是所有权转移的过程，也是资本兼并的过程，还是金融战役的过程。

战争则可以让法国政府陷入空前紧迫的"军费需求"，而且刻不容缓，思考和讨价还价的条件几乎不存在。所以，在古代欧洲打了许多完全由银行家挑起的战争，一个又一个欧洲国家跌入了债务的泥潭，很多债务再也没有还清。法国是一个欧洲强国，如何落入了几个银行家族的掌握之中呢？这里的原因很复杂，一系列的古代战争，起了决定性的作用。

二、"黑死病"在欧洲的扩散与热那亚银行家

图片说明：14 世纪，"黑死病"（后人根据历史纪录，猜测是腺鼠疫一类疾病）突然打击了法国，然后席卷欧洲，制造了欧洲几千万人的死亡。但"黑死病"虽然在法国爆发开来，但最开始却是在"古热那亚共和国"开始流行，然后由一艘商船，把疾病传播到了法国。"古米兰共和国"、"古威尼斯共和国"、"古佛罗伦萨共和国"、"古热那亚共和国"等地，却逐渐摆脱了瘟疫，成了"地中海沿岸的一道风景线"，逐渐的繁荣了起来。

在同鼠疫搏斗的过程中，米兰找到了一种隔离的方法，当瘟疫行将汹涌而至时，将最先受到感染的房屋隔离开来，并在周围垒起高高的围墙，不准任何人进入，结果瘟疫在米兰城下止步了。在随后的几百年间，地中海北岸，一处处被隔离之地成为那个时代一道道独特的风景。1750 年前后，

令人谈之色变的鼠疫终于在欧洲绝迹，原因一是褐鼠的大量出现，成为黑鼠的克星；但更重要的，则是人们公共卫生意识的觉醒以及包括防疫制度在内的公共卫生体系的建立。深重的灾难终于使人类迎来了第一次卫生革命（文献引用：黄培昭."黑死病"杀死欧洲约 1/4 人口，犹太人何以躲过劫难.新浪网刊载：http://news. sina. com. cn/w/2003-12-12/07361321357s. shtml）。

这种现象说明了一个问题：良好的卫生习惯和正确的防疫措施，即便在 14 世纪的欧洲，也可以限制鼠疫的蔓延，甚至让人们在高感染区得以逃脱"黑死病"。14 世纪的**"黑死病大流行"**，从"威尼斯共和国"、"热那亚共和国"开始蔓延。"威尼斯银行家"时代的四大银行僭主古国却并没有受到法国那种几乎是毁灭性的瘟疫冲击。

在意大利北部，瘟疫也已沿着意大利商人的黑海航道抵达了拜占庭帝国的首都君士坦丁堡。就在 1347 年 10 月，热那亚和威尼斯这两座著名的商业城市也成了瘟疫袭击的对象。由于死者人数激增，热那亚政府在恐慌中下令调动全部舰队封锁港口，外来船只要敢入港的，一律以炮火击沉。意外的是，恰有这样一艘来自疫区的商船，由于遭到热那亚的拒绝，被迫沿着海岸线寻找能够容纳自己的港口，最终法国的马赛港接受了它。就这样，瘟疫来到了法国（文献引用：杨红林.历史上的大瘟疫.北京：中国发展出版社.2007）。

在古代欧洲也有一种"投毒说"：1348 年一个叫阿济迈的药剂师在法庭上承认在河流和水井"投毒"（当时人们不知道有病菌的存在，只认为"黑死病"有剧毒），据说是用"蜘蛛、青蛙、蜥蜴、人肉配成了毒药"，但实际上可能起作用的只有死于"黑死病"的患者尸体，所以此类说法和"审判"（严刑审讯后的招供不能算数，屈打成招的可能性极大，因为河边青蛙、小蜥蜴和蜘蛛都很常见，与"黑死病"无关）都很难确定真伪。

唯一可以肯定的是：不论"投毒个案"是否真实，都不是 14 世纪欧洲"黑死病大流行"的主要因素。"出于各种复杂的目的，有意无意扩大疾病传染区"、"缺乏有效的防疫与隔离手段，整体医疗卫生水平低"、"黑鼠泛滥（后来被褐鼠消灭）"，这三个因素是"黑死病大流行"的主要罪魁祸首。

（有关欧洲黑死病的"投毒说"复杂的历史背景，感兴趣的尊敬读者可参阅有关文献：高建红.浅析西欧黑死病期间的"投毒说".天津：历史教学·高校版（82 页）.2009，4）。

古老的创客——法国金融战役史

"古热那亚共和国"是欧洲 14 世纪恐怖的"黑死病发源地","古热那亚共和国"却没有受到法国经历的那种毁灭性打击，受益最大的是"古佛罗伦萨共和国"的"美第奇银行"（有关这几个"古共和国"和欧洲古代金融资本的渊源，请参看《水城的泡沫——威尼斯金融战役史》，这里就不重复了），"古米兰共和国"也没有受到太大的冲击，"威尼斯银行家"之间的较量，由此以"美第奇家族"的完胜告终。

热那亚银行家没有制造"黑死病"，他们也是受害者，但可能出于"力量平衡"的目的，甚至打击欧洲各国的目的，有意无意之间"纵容了瘟疫的流传"、"保密了一些防疫和公共卫生策略"。"古热那亚的金融僭主家族"被动地，但也着实利用了"黑死病"，狠狠地打击了欧洲各国，不过受益最大的还是"古佛罗伦萨共和国"（即"美第奇银行"），所以古代欧洲"美第奇银行"被认为在欧洲实现了金融僭主体制，这种看法是有一定道理的。

14 世纪"黑死病"真正的罪魁祸首是黑鼠，"古热那亚银行家"有意无意之间航行到法国的商船，却是 14 世纪欧洲**"黑死病大流行"**（1347～1951 年）的开始。不论这是有意还是无意，"黑死病"正好发生在"英法百年战争"（1337～1453 年）初期，客观上摧毁了英国和法国的战时财政体制，让这两个国家同时陷入了债务陷阱，从此一直依赖于跨国银行家族的贷款，直到在两国建立"独立央行"和"债务货币"体制，他们 14 世纪欠银行家的债务再也没有还清过（这时的利率高达 20%～30%，但却不叫"利息"，而叫"风险金"或"服务费"，这种高利贷一旦借入，很难还清。1 万金币也许还"不算太多"，但 25% 的年息，10 后就是 10 万金币……）。

三、不断胜利的失败——法国的衰亡，银行家的胜利

（一）"罗马之战"的胜利，遏制了法国上升的势头

一个国家的战略决策，永远不能凌驾于战术决策之上，否则失败的命运不可避免，这个最终失败的时间就是"小美交点"。这是（金融）战役趋势博弈论中的一个概念，但实际上就是一个人、一个民族在进行各种决策的时候，必须有全局观念和长远观念，"不谋全局者，不足以谋一域；不谋万世者，不足以谋一时。"（[清朝]陈澹然《寤言二迁都建藩议》），也就是说：必须首先考虑全局和战略利益，然后谋求战术和局部利益，否则就会出现一个特殊的现象——"乱国若盛"（古籍《文子》）。

法国曾经是罗马帝国的一块"高卢领地",却在 13 世纪初一举攻占了罗马帝国的首都君士坦丁堡,实际上灭亡了罗马帝国。但这种表面的胜利,却是一个不折不扣的失败!从此法国丧失了休养生息的历史机遇,此后几百年陷入了大大小小、此起彼伏的各类战争,法国皇室向银行家大量借贷,并以与美第奇银行家族联姻为手段,试图"巧妙地得到金币",却被逐渐渗透和主导,直到这个贵族体系,尤其是军事贵族纷纷以依附外国银行家为荣(因为美第奇银行已经在法国两度公开摄政,法王的子孙就成了美第奇银行家族的一支,国家上层已经被异化了,这个高端主导的策略,完美地颠覆了法国的民族政治体系),民族利益和外国银行家的利益虽然日趋对立,但法国传统贵族却日益被外国银行代理人化,形成了和法国人民的尖锐对立(所以他们被银行家搞掉时,法国人民没有出来捍卫这个"外国政权",甚至"还在贵族坟墓上添了一锹土")。

(二)百年战争的胜利,把法国抵押给了银行家"

英法百年战争,看起来是以法国的胜利而告终,但原来英国的地理范围就是法国的势力范围,人们也说法语,奠定了英国领土基础的"威廉一世",就是法国人(1028~1087 年,也是诺曼底公爵)。

可是法国从"罗马金融战役"开始,一直陷入了一个"不断胜利,不断借贷,不断被银行家控制"的怪圈。法国打过败仗,但没有打败过一场战争,一直在"胜利"。但是法国已经负债累累,而且利率高于当时平均20%~30%的水平[查理八世,为了发动"意大利战争"(1494~1559 年)向热那亚银行家借贷的年利率高达 45%]。所以法国不过成了欧洲跨国银行家族搜刮欧洲财富的工具,最后大量的"战争金币",进入了银行家的腰包。法国皇室迫于还债压力只能把钱归了银行家族,被法国打败而陷入财政危机的国家也完全依靠银行家族的借贷("法国大革命"时期,"奥地利"和"法国"的财政大权都控制在罗思柴尔德等跨国银行家族手中,但两国却一度是"敌国",军费都控制在同一些银行家手中,所以拿破仑明知道"情报头子"约瑟夫·富歇"和奥地利银行家勾结出卖国家",气得发疯,却不敢动他!因为法兰西银行的大股东罗思柴尔德家族也是"奥地利"的皇家财政总监和"奥地利一切货币金融事务的主导者",拿破仑的勇气立刻就没有了)。

百年战争,就是一场百年的屠杀游戏。当高高在上的王公贵族为自己

古老的创客——法国金融战役史

争得的利益开庆功宴的时候，一些失去家园和亲人的无辜的人们却在无声地痛哭。战争持续了一百年，哭声也持续了一百年，这是欧洲后世对"英法百年战争"的客观评价。

图片说明：这是"英法百年战争"期间，法国民族英雄、法军高级军事指挥官贞德（1412.1.6～1431.5.30）的亲笔签名。目前所有贞德的画像都是后人的想象图，但这个签名是真实的历史文献。这件事说明贞德不是传说中的农家女孩，而是一个背景复杂的历史人物。当时欧洲的识字率极低，尤其是法国农村的女孩受教育的机会极少。贞德参加战斗时，才16岁，只能是在更小的时候就接受过教育，才能具备查阅军事地图、签署军事命令的能力。

1. 战争债务与银行家筹款体制的建立

"英法百年战争"彻底切断了英国和法国的"历史渊源、文化渊源"（现代英语是此后才逐渐形成的），银行家不断给双方贷款，成了"最得力的战争经费筹款人"，逐渐形成了银行家族直接管理英法财政的"惯例"，两国王室的实际权力已经丧失了 1/3。欧洲的"笔杆子"控制在银行家族的跨国媒体帝国、私人大学手中；"钱袋子"控制在了银行家出任的"王室财务总监"、"财政大臣"一类人物手中，在这种特殊的历史条件下，只要军事贵族，也就是法国皇室对军队——"刀把子"的控制稍有软弱，整个帝国的权力就会瞬间转移到跨国银行家族的手中，金融僭主体制就百分之百地建立起来了（有关银行家族建立并主导的欧洲现代共济会对各国军队将领控制，后面还要谈到，但"拿破仑三世"本人就是确定无疑的共济会成员，他就是法国当时最高的军事指挥官）。

2. 民族军队的衰落与"雇佣军"的兴起——法国皇室体制最后支柱垮掉了！

"英法百年战争"让法国传统的贵族军事体制崩溃了，在法王查理五世（1337.1.21～1381.9.16）时期，逐渐转为依靠"雇佣军"。这些"雇佣军"完全听命于金币的命令，无所谓"忠诚"。为什么后来瑞士银行家族逐渐控制了路易十六的宫廷呢？路易十六为什么"手握重兵"却全家被杀呢？因为他不过是靠银行家族雇佣了许多瑞士雇佣军。在约翰·劳时期，保护他的也是瑞士雇佣军，法国王室并不信任法国人，他们仅仅是外国银行家的代理人罢了。

这些外国雇佣军备受法国皇室宠信，"英法百年战争"中法国贵族把法国爱国将领贞德（法国在"百年战争"期间的民族英雄，1412.1.6～1431.5.30），于1430年用据说"4万硬币"的价格卖给了英国军队，然后在1431年被烧死。当时，法国的一些地方大贵族与英国"结成盟友"，这就是其中一个著名的历史事件。

法王查理五世，在"英法百年战争"期间，放弃贵族军队体制，开始"雇佣军"体制的最终结果，就是让法国王室手中的"刀把子"，逐渐失去了，这对于跨国银行家族在法国最终建立金融僭主体制，是非常关键的一个历史事件，是法国金融战役中的一个重大转折。

百年战争的第二阶段（1369～1380年）始自法王查理五世于1368年配合加斯科涅反英暴动，收复大片失地。"现在是让可恶的英国人屈服的时候了。我发誓带领我的臣民夺回属于我们的一切。"查理五世这样说。他改编了军队，用雇佣步兵取代部分骑士武装（实际上是全部取代了，法国贵族骑士军事体制从此瓦解。文献引用：梅朝荣.人类简史.武汉：武汉大学出版社.2006）。

四、"法郎金融战役"——克里木战争（1854～1856年）、**欧洲白银流向中国、从华尔街开始蔓延的金融危机**（19世纪30年代开始的"世界性金融危机"）、**"普法战争"**（1870.7.19～1871.5.10）

（一）"第一次法郎(此处指："法兰西银行券"）**金融战役"**（1837～1870年）**的含义**

"法国第三央行·法兰西银行"（1800年）发行的"银行券"，被称作"法郎"。法国人民一直不信任，这个时期能够发行银行券的银行家又太多，人们不相信这些外国银行家发行的纸币，零售业和私下里仅接受金币、银币和铜币（由于一些复杂的原因，垄断银行家族也有保留金币本位的愿望，用来打击金币储备不足又试图发行"银行券"牟利的中小银行家族）。

图片说明："普法战争"（1870.7.19～1871.5.10）是现代共济会成员、由法兰西银行秘密出资扶植政变上台复辟称帝的"拿破仑三世"发动，又导致法国失败，割地赔款的一次具有历史转折性的战争。这是由法兰西银行世袭股东一手导演的打击法国的金融战役。

这样从1800年开始，法郎实际上是一种"汇票"、"定额支票"，法兰西银行背后的垄断银行家族依托跨国银行网络的巨大优势，迫使法国工商业和中小银行必须接受这种"汇票"，这就让"法郎"没有像"爱国指券"、"贴现银行券"、"皇家银行券"那样迅速崩溃，而在一定程度上保持了金币本位[其实是金银铜复合本位，名义上是金银本位，但却是真正的金本位——金币本位，也就是说人们可以用纸币换金币，后来的美联储券（美元）不接受个人兑换，甚至禁止私人持有黄金，这叫做"金块本位"，实际上是纸币的一个变种骗局，与后来的"纸黄金"（特别提款权）有异曲同工之妙]。

但是银行券的目的就在于控制法国的信用，拥有一切。可法国实际上依靠银币交易，法兰西银行的世袭股东"二百家族"的"利润"就被大大地削弱了。必须让法郎从"汇票"变成"人人使用的钱"，这就是"第一法郎金融战役"的背景和目的。

"第一次法郎金融战役"是从1837年到1870年中，欧洲跨国金融资本在跨大西洋范围制造了一系列金融战役的总和，特征就是**流动性枯竭与**

流动性过剩并存，金融冷战与金融热战并存，在法国国内与其他国家并存，由此形成了垄断银行家族集团内部新的平衡与新的规划，"法兰西银行券"从此进入了有计划的逐年贬值阶段，成了银行家族对法国各阶层实施财富转移的可靠工具——"法郎体制成熟了"。

（二）华尔街金融危机大爆发

"你们回去这样告诉你们的政府，你们在欧洲见到了欧洲金融界的巨头，他们说，美国人在欧洲借不到钱，一分钱都借不到。"——洛希尔银行巴黎分行的总裁（1842年）。

从1837年开始，以罗思柴尔德家族为代表的欧洲垄断银行家族开始从美国抽出黄金和白银，制造了美国黄金和白银的枯竭。由于美国此时把金银当成货币来使用，所以成了一个"商业死城"，一切贸易、投资都突然停止了，流动性枯竭为特征的"华尔街1837年金融危机"也就爆发了！

1839年，这些经纪商中有3/4都已经破产，到了1848年，新交易所也就自然而然地消失了。此时的欧洲和美国一样，也处于一片大萧条之中，英国和欧洲大陆国家对美国证券的需求也相应大大减少了。更糟糕的是，截至1842年，美国共有超过9个州的州政府无法偿还其债务，这使得美国证券在欧洲市场上的处境更是雪上加霜。当时在欧洲市场上，就连南美洲的一些市政债券也比美国国债的售价高（文献引用：[美]戈登著，祁斌译.伟大的博弈·华尔街金融帝国的崛起.北京：中信出版社.2005）。

美国政府找到了巴黎的罗思柴尔德家族，试图借贷一些黄金、白银摆脱金银流动性枯竭，让美国经济运转起来。洛希尔银行（罗思柴尔德的法语译法）巴黎分行的总裁就说了开头那番话。

此时，美国缺少黄金和白银，经济就无法运转，人们"自己就去找银行家要纸币了"，但美国人出于"思维惯性"首先想到的是借贷法郎纸币。

（三）多管齐下，制造欧美金银流动性短缺

1821年到1825年期间，英格兰银行董事会故意向外国发行了0.4897亿英镑的公债，然后持续收紧国内银根，制造了英国和"海外领地"的金银流动性枯竭。

19世纪开始，欧洲的大商人在与中国等东方国家进行贸易的时候，大量支付白银，这不仅仅是出于对中国瓷器、丝绸的需求，还有一个重要的

目的——减少欧洲白银的总量，也就制造了法国这类主要使用银币国家的流动性枯竭为特征的"金融危机"（同时还制造了中国"白银流动性过剩"为特征的"金融危机"，这埋下了清朝经济危机的种子，白银的购买力大幅下降，加上 1840 年开始的"鸦片战争"等一系列金融热战，清朝的经济基本被欧洲金融寡头控制了）。

（四）1848 年的"巴黎公债危机"

巴黎证券交易所是法国最大的证券交易所，1724 年正式建立，经纪人由法国财政经济部指定（由于法兰西银行控制在"国际债权人"手中，又实际直接控制着法国的财政部，所以法国的一切虚拟经济都由法兰西银行背后的外国垄断银行家族主导），共有 99 人（巴黎 71 人，其他地区 28 人）。

1842 年美国跑到巴黎去借钱，到了 1848 年巴黎债券市场"崩盘了"，并且是由法兰西银行蓄意制造的！1848 年 3 月巴黎证券交易所的恐慌中，法兰西银行贴现汇票，但让利率为 5% 的公债券从 2 月 23 日的 116 下降到 3 月 7 日的 89，让利率为 3% 的公债券从 73 下降到 47，"不是因为该行对新政府有敌意，而是因为该行认为它首先要对工商业履行职责"（雷蒙，1929 年，第 218～219 页）。"法兰西银行经受住了猛烈责难的考验，并且再也不为自己发行的银行券担心"（利斯，1909 年，第 84～85 页）。（文献引用：[美]查尔斯·P.金德尔伯格著，徐子健，何建雄，朱忠等译.西欧金融史[M].北京：中国金融出版社.2007）

此后，法郎迥然就成了"世界货币"，着实风光了好一阵子！根据法国财政部的记载（法兰西银行控制着法国财政部，这里记录的数字恐怕"仅供参考"）：1847 年俄国"认购 0.5 亿法郎"、1848 年法兰西银行向法国各机构注入"法郎流动性"1.14 亿法郎、1848 年 6 月法兰西银行拒绝给法国国营工厂提供资金，压迫其破产……

这给法兰西银行的世袭股东带来了巨额利润，给法国经济带来了深重的灾难！外国银行家集团控制了法国的一切，法国经济却陷入了"金融危机"，这里看法国财政部的三个记录：

1. 根据 1865 年《法国财政部大调查》记录，这段时间法兰西银行每年靠发行银行券获得 0.09～0.12 亿法郎的"利润"，并成为股东的私人利益。

2. 法兰西银行 1856 年买进了 2.5 法郎的黄金；1857 年购买了 5.6 亿法郎的黄金（实际上就是法兰西银行的世袭股东在用"银行券"大肆套购黄

金，付出数字，拿回黄金。所以 1864 年法郎又不能保证兑换金币了，因为黄金都在银行家私人的金库中，社会上金币不足了）。

3.1867 年，法兰西银行的财政部长迈内在财政部作证时说过如下一番话："法兰西银行有着巨大的垄断权。它不同于形形色色的商业部门，它在**国家事务中几乎是专制的。诚然它关心股东的利益，但政府不能屈从于一个金融团体专断的意愿**……政府干预法兰西银行并且对它说'是你错了，你激起了别人的恐惧'是完全合法的。如果政府在观点上与法兰西银行苟同，那将对国家的商业是多么大的破坏，是多坏的一个典型，我甚至可以说，是多么不光彩的事情"（财政部，1887 年，第 6 卷，第 155～157 页）"〔文献引用：（美）查尔斯·P·金德尔伯格著，徐子健，何建雄，朱忠等译.西欧金融史.北京：中国金融出版社.2007〕。

（五）克里木战争（1854～1856 年）中法国的"胜利"

克里木战争又被称作"克里米亚战争"，是俄国认为奥斯曼帝国开始衰落，试图插手，引起了法国、英国等国的介入。实际上形成了法国、英国、萨丁尼亚王国、奥斯曼帝国与俄国的军事对垒，克里木是主要战场之一，故史称"克里木战争"。表面上法国胜利了，实际上是"法郎"胜利了，法国失败了。

1.萨丁尼亚王国最后实际上逐渐统一了意大利，法国的势力被驱逐出了意大利地区。

2.法兰西银行通过"富尔德银行"秘密资助现代共济会成员路易·拿破仑（1851 年政变上台，拿破仑三世，1852.12.2～1870.9.4 在位）发动了政变，实施了复辟。

3.普鲁士（可以看做是"德国"的前身）在这个过程中"保持中立"，发展工业，迅速超越了虚拟经济空前发达的法国。1870 年 7 月 19 日，拿破仑三世集结了 22 万军队，对普鲁士宣战；1870 年 9 月 1 日下午 4 点 30 分，拿破仑三世在法国色当发现战局不利后，非常"果断而谦卑"地送信给德皇威廉一世，表示"愿将佩剑交到陛下的手中"，1870 年 9 月 2 日他率领 8 万大军投降，实际损失兵力达 12 万人。这个历史事件，是银行家安排好的：在欧洲，这是经济中心从法国向德国转一个步骤；在美国，这是摆脱欧洲信用体系的步骤；在世界，这是放弃建立"世界法郎货币联盟"，转而谋求建立美联储体系的步骤；对于共济会体系，是现代共济会取代古典共济会的步骤（当时古典共济会"玫瑰十字会"运动逐渐退出了历史舞台）。

"克里木战争"法国是"胜利者"，但实际上却是法国古代史和现代史的分水岭，是法国整体态势进入历史性衰退的大分水岭。从此，法国逐渐丧失了欧洲大国的实际内涵，战争趋于失败、工业趋于萎缩、贸易趋向赤字、法郎趋向贬值……这不是一个偶然的现象，而是跨国金融资本逐渐离开法国，转向美国，工业投资重点又转向了德国的结果。实际上，银行家并没有放弃对法国的统治，而是把法国看成了"欧洲的大都会"，但也仅此而已。

"我们不是那种将克里米亚远征视为错误的人，"英国《经济学人》杂志的一篇社论写道，"但是，事实就是这样，我们必须承认，它不幸地变成了错误。我们损失了2万人，却没有得到足够的土地来为他们建造2万座坟墓。"最后，在这场战争中，60%的牺牲者死于疾病。寒冷、云和霍乱是冲突中的胜利者，因此被称为"世界上最古怪且最不必要的抗争"。"回顾克里米亚战争，或许学到的最基本的教训是"，历史学家罗伯特·埃杰顿写道，"国家往往容易很盲目地投入毫无目的且不可能胜利的战争。（文献引用：[美]劳拉·李编著；林文鹏，蔡和兵译.天气改变了历史.上海：上海科学技术文献出版社.2008）。

对于法国人民来说，这场战争没有任何积极意义。对于银行家来说，这场战争意义重大，是欧洲金融战役史的转折点之一。

五、为了银行家、制造债务和推广私有信用去死亡——残酷的、无意义的累累白骨

金融战役中不会诞生英雄，背叛祖国的人中不会有"守节者"。

（一）银行家的代理人拿破仑毒死了几千法国士兵

在1798年拿破仑远征埃及的过程中，有一个被欧洲学者津津乐道的事件，也令各国学者羡慕不已。拿破仑拥有400艘各种船只（包括38艘战舰，平均每艘拥有大炮74门，且东方号和阿密涅尔号装备有120门大炮，是那时火力最强大的战舰，也是法国海军的精华）、战舰组成的联合舰队，一支庞大的陆军，2000门大炮和175名各行业的法国学者（以及成百箱的书籍和研究设备）包含了法国军事人才的精华。他在出发时，下了一道著名的命令："让驴子和学者走在队伍中间。"

1789 年法国大革命政府的秘密警察头子约瑟夫•富歇就扶植拿破仑上台了，1800 年就把法国的货币发行权给了外国银行家族集团……

可 1788 年拿破仑不是去"远征埃及"了吗？

难道他有"分身法"吗？不，拿破仑没有"分身法"。这次"远征的目的"，就是要消灭法国的军事贵族和社会知识骨干，拿破仑一年就干完了这件"小事"，然后一个人偷偷跑回了巴黎。所有这些人大多死在了外国（包括"驴子和学者"），只有拿破仑和他的亲信乘两艘船秘密回到了法国。

所以，1789 年拿破仑一个地地道道的外国人[他也不是科西嘉人，可以算做是"古佛罗伦萨共和国"美第奇银行的"残存势力"（这涉及一个多次提及的问题：美第奇银行没有"绝嗣"），他和他的父母都是"意大利人"，他父母跑到科西嘉半岛武装反对法国]代表外国银行家势力，发动"雾月政变"，并建立"法国第三央行•法兰西银行"的时候，没有多少法国军事贵族和法国学者站出来反对，1788 年的"拿破仑远征"功不可没。

图片说明：1788 年夏，"法国大革命政府"任命拿破仑远征埃及，1789 年 10 月，他和亲信偷偷跑回法国时，损失了几乎全部 400 艘舰船和 10 万～20 万法国军队（被他偷偷毒死的法国士兵就有几千人），却被外国银行家控制的私人报刊宣扬为"法国的民族英雄"。拿破仑 1799 年 11 月 9 日发动"雾月政变"，攫取了法国最高军事指挥权（3 周后拿破仑发布公告说："公民们，大革命已经回到它当初借以发端的原则。大革命已经结束"）；1800 年 1 月 18 日，宣布由"200 个银行"组建股份制"法兰西银行"，资本 0.3 亿法兰西银行自己发行的"银行券"（还是账面数字）。1804 年 11 月 6 日，外国银行家族为首的"二百家族"拥戴他称帝。这次所谓的"成功远征"消灭了法国的有生力量，铺平了银行家族在法国建立金融僭主体制的道路，留下了一路白骨，却被历史记载为"法国的胜利"。也许，这是拿破仑的胜利，银行家的胜利，金融战役的胜利——令人毛骨悚然的"胜利"。

拿破仑永远不会单方面地信任手下，他背着让郎达指示在维罗纳城煽动反法起义，好名正言顺地实施军事占领，结果这一起义造成大量留在那里的法军伤员被屠杀，死亡人数至少达到了3000人。维罗纳事件不是拿破仑唯一一次拿自己的人做牺牲品的例子，在后来远征埃及的时候，他下令军医用毒药毒死几千名无法撤走的伤员。当少数幸存者指控拿破仑时，拿破仑摸着自己的良心说，我只下令把药瓶放在伤员床边，喝不喝都是他们自己选择的。当然，放药瓶的时候可没说明里面到底是治病的药还是要命的药（文献引用：龚琛.暗战千年.陕西：陕西人民出版社.2009）。

（二）拿破仑1812年入侵俄国与俄国抵制"法郎联盟"

1812年拿破仑攻打俄国，表面是拿破仑的野心，但直接的导火索是当时的俄国不接受"法郎联盟"，还试图和"奥斯曼帝国"（大约为今土耳其）等国建立"联盟"（实际是共同抵制"法兰西银行券"对各国财富的掠夺，这个"没有条约的联盟"在1815年9月26日正式演变为"神圣同盟"。这个条约在巴黎签署和法国复辟的路易十八政府1815年11月19日加入，意味着"反法郎联盟"的"某种复杂变化"，后来俄国甚至故意购买法兰西银行的"法郎国债"，讨好欧洲金融僭主，以求自保，可见垄断银行家族的强大），这令法兰西银行背后的罗思柴尔德家族推广法郎的计划受到了阻碍。

但是拿破仑绝不会不顾军事条件，就进攻土地广袤的俄国，而是迫不得已。因为拿破仑的军队带有强烈的银行雇佣军的性质，他本身就是银行家扶植上台的，他别无选择，几乎没有什么准备，就仓促出征了！

1812年拿破仑入侵俄国时，有60万大军（俄军约18万人），这个貌似强大的"巨人"，却仅仅带了14天的口粮。不要小看拿破仑，他绝对是个军事天才，可惜的是"身不由己"。古代欧洲战争，打一仗最少也要几个月，打几年、十几年的战争很常见，打几十年也不罕见，上百年的也有。

14天的口粮的后果是什么呢？

"当拿破仑在1812年将目光投向俄国时，率领60万大军（包括来自已经被法兰西征服的地区，也就是说几乎所有欧洲国家的士兵），俄军只有18万人。关于俄罗斯出了名的严冬已经多有记述，不过很少有人知道俄罗斯的天气也会很热。夏季的炎热使部队遭受很大的破坏。他们没有帐篷，因此无论干湿，他们都在露天睡觉。靴子也磨破了。水井很少，有些脱水的人被迫饮用路上车辙里的马尿。法兰西人前进，俄罗斯人撤退。法兰西人继续前进，俄罗斯人再次后退。俄国总是有大片的土地可供撤退。就这样又过去了两个月。拿破仑的主力部队已经减少到 10 万人——绝大多数死于炎热和疲惫，而不是步枪子弹。"（参考文献：[美]劳拉·李编著，林文鹏、蔡和兵译.天气改变了历史.上海：上海科学技术文献出版社.2008）。

美国学者劳拉·李把拿破仑部队的伤亡归咎于天气，但实际上 14 天的口粮坚持了两个月，60 万人中还有 10 万活着，已经是奇迹了！不要说打仗，就是古代行军两个月，起码要准备口粮，可拿破仑没有准备！事实上在书中也提到了有关"14 天口粮"带来的严重后果：

1."饥饿的士兵把马肉当做美餐。马肉腐烂味很重后，士兵们在上面撒上火药来掩盖气味，流浪狗和猫也不能幸免。"

2."12 月 6 日，气温降到了零下 38℃。瘦骨嶙峋的士兵们蜕变成"凶残的野兽"。他们为了抢夺一块马肉或者死人身上的一件外套而动刀动枪，争得你死我活。多达 4 万人在短短的 4 天里消亡，他们的尸体散落在街头。在立陶宛首都维尔纽斯，据说那些垂死绝望的士兵洗劫了当地医学院，搜寻保存的人体器官来吃。"

不要说拿破仑这样欧洲著名的军事家，即便是学生们组织暑假远足，也知道准备足够的口粮。拿破仑当然可以考虑"以战养战"，但这样有一个起码的限度——部队必须要能够活着集结到主战场（或者更加"坦率地说"：活着冲进敌人的城市进行劫掠），而不是首先饿死（3 天不吃饭，部队肯定丧失战斗力了，两个月剩下 10 万人，已经很不错了）。

拿破仑的部队不是由于天气，而是大多被活活饿死了（逃亡的数字应该更大）！

拿破仑这样做，或者说这场奇怪战争的原因：

1.欧洲金融僭主体制给了拿破仑极大的压力，蓄意削弱有意独占法兰西银行的拿破仑，准备"换马"。

2.如果拿破仑侥幸成功，则是一个两败俱伤的局面，法国军队必然在强悍的俄罗斯土地上进行抢劫，结下难解的民族仇恨，不仅将"法兰西银行券"拓展到了俄罗斯，还"在体制内"制约了法国和拿破仑。

3.拿破仑一直如此，对士兵后勤根本就不在意，他故意纵容杀俘和抢劫，把这当成一种"激励军队的策略"。

4. 拿破仑非常清楚"法国统一下的欧洲各国"，实际上是金融僭主在主导一切，他的命令无法凌驾于金融僭主体制之上的原因之一，就是金融僭主的"影响力"在欧洲军事贵族体制内占据了主导地位。为了"长治久安"必须消灭法国的军队（也包括服从他调遣的各国军事力量），然后借机重建"帝国军队"，这才能让拿破仑王朝"千秋万代"，否则永远只能是一个银行家的傀儡（这不是说拿破仑追求"战败"，而是如果打胜了，则要恰到好处地削弱"双方"）。他的做法很简单，故意不准备充足的口粮（他不是没有条件，是故意不准备，至少可以四处"强行征粮"，然后集结部队，他以前这样做过）。他知道，从边境拉着大炮走到莫斯科14天也不够，何况对手还有十几万军队，要边打边走，最少也是一年的战争。一句话：拿破仑的对手不是俄罗斯，而是金融僭主和"他自己的军队"。

5. 这场战争的"减员"，主要来自"逃兵"，而不是"死亡"（14天口粮最多吃一个月，还要拉着大炮和辎重，携带着武器，人只能散去，不可能坐在那里等着饿死，虽然士兵们不知道金融战争的黑暗与肮脏，但却知道72小时之内必须补充食物，不然就要全部饿死）。

60万人的大军，只有3万人回到了法国，"减员"95%。这场史无前例的奇怪战争，反映了金融战争的一些特征：诡异、残酷、高端主导，你中有我、我中有你……金融战役史研究战争从人事、金融、政治后果、实际影响入手，就可以看出一些金融战役的诡异，其实"可以解释"。

拿破仑，一个外国银行家族在法国扶植的外国人，根本就不在意法国军民的死活；听命于欧洲金融僭主体制的军队，又何尝会为了拿破仑卖命？如果金融僭主不是果断地推翻了拿破仑在法国的统治，拿破仑攻打俄国的"损兵折将"**不是失败了，而是胜利了**！因为他可以名正言顺地建立一支忠于拿破仑王朝的军队了！可银行家也看出了这个问题，没有给他机会……

拿破仑不愧是一个枭雄，他在银行家眼皮底下，策划了一个惊天的阴谋，残酷、冷漠、出乎意料！这是欧洲金融战役史上，垄断银行家族和银行经理人阶层一场最精彩的较量，智者欺骗智者，阴谋家陷害阴谋家。在无数人的眼前，上演了一场欺骗了所有人，也欺骗了历史的计中计、谋中谋。银行家的深谋远虑、拿破仑的将计就计，都达到了智慧的巅峰——即便今天这里写了，一个字一个字地解释了，人们还是不相信！

图片说明：拿破仑（1769.8.15～1821.5.5）1804 年加冕［法国画家让·奥古斯特·多米尼克·安格尔（1780.8.29～1867.1.14，1806 完成绘制）］。他是欧洲历史上由银行家族扶植，一个外国人跑到另一个国家称帝，且还无血缘解释可以利用的"高端主导"策略的范例，是世界金融战役史中令人赏心悦目的一页。他将无任何成本的货币符号，变成了外国银行家族牟利的工具，将法国货币变成了外国银行家族才有权"写出的数字"，这个"独立央行"体制，就是后来西方金融货币理论和实践的基石，拿破仑的一生是古代欧洲银行代理人阶层的浓缩和写照，足可为后来者戒。

如果抛开罪恶和黑暗不谈，如果这场古代的金融热战是一个美丽的智慧果实，我们必须承认：它很美，气味令人陶醉，回味令人战栗……

在金融战役的范畴内，没有不能被欺骗的人，没有不能被控制的人，我们只能尽力而为，永远谨慎小心，永远如履薄冰，时刻做好一切准备。

第八章

空空的剑鞘——法国金融战役史

一、金融僭主完全确立的时期——"法兰西第三共和国"

（一）"法兰西第三共和国"到底是"稳定"还是"动荡"？

图片说明："法兰西第三共和国"首届总统，路易·阿道夫·梯也尔（1797.4.15～1877.9.3）。他是跨国垄断银行家族在当时法国挑选的新代理人，用于"接替"拿破仑三世，实际上是法国近代体制的奠基人、创立者，影响极其巨大。在他跨国金融资本的授意下，联合敌国德国，蓄意用"不必要"至少是"大有讨价还价余地"的"停战合约"，摧毁了法国的大国地位，残酷镇压了法国爱国军民，打击了法国民族资本，实际上制造了法国的长期衰落和金融僭主体制在法国的日益巩固。由于他的所作所为实难"自圆其说"，后来法国任何一届政府都不在巴黎给他竖立纪念碑。

法兰西第三共和国（1870～1940 年），实际上就是现代的法国政体的雏形。一直比较动荡，各种政治人物似乎都可以出任总统，保皇党、激进派、"左翼政党"、"右翼政党"、军人……从来没有一个稳定的治国方针，但实际上又没有出现过真正的"政局动荡"。

这不是由于"民主体制的建立",而是因为金融僭主体制的建立。"巴黎公社"也是如此！他们向法兰西银行家族"借钱",却不敢征用这些正在给敌人贷款的外国银行家族的财产,每天忙于"民主选举","各党派候选人"资金却依赖外国银行家提供。"巴黎公社"的敌人(外国银行家族为代表的"二百家族"),却丝毫不介意"人民的选举结果",用割让法国领土、允许德国在法国驻军和50亿法郎战争赔款的价码,联合了德国军队架起了大炮,"巴黎公社"又怎么能不失败呢？

"法兰西银行"不仅仅在货币、金融、经济、预算领域实现了"独立的权力",而且通过政治候选人进行捐助,也就完成了银行代理人的筛选工作,不听话的根本就得不到竞选资金,也不会被银行家族私人拥有的媒体提到,不可能被选举。所以,"法兰西第三共和国"看似有着截然不同政治理念的"总统们"[保皇派原来都自称"大臣",而且谁是"拥戴的那个皇帝"还有至少三个分支可供选择,就不细说了,不过是一场闹剧,观众(选民)如醉如痴地丧失了民主的权利,沉迷于伪民主的骗局],其实都是"前台的演员",纷纷粉墨登场,你演几年,我演几年,法国实际上的权力牢牢控制在外国银行家族手中,法国政府的运作却和法国无关。

这样就出现了一个"怪现象":法国是欧洲的大国,从这以后却总打败仗,可军队不论装备、训练、人数都不弱于德国。这就是金融僭主体制对法国民族利益的"跨国"主导,这不是突然出现的,而是一系列历史事件演变的结果,是金融僭主体制在法国逐渐成熟的标志。

(二)人海战术的"典范"——索姆河战役(1916.7.1～1616.11.18)

1.为什么要提及"索姆河战役"？之一：巴黎公社

"法兰西银行券"统治法国的过程中,银行家策动了"两次法郎金融战役",第一次法郎金融战役"(1837～1870),让法郎体制得以巩固；第二次法郎金融战役(1946.1.1～1960.1.1),主要完成了法兰西银行世袭股东"国际债权人化"(就是垄断银行家族名义上让"法兰西银行国有化",实际上用"国际债权人"和"独立央行"的名义继续取得发行"法兰西银行券"的利益,并绝对主导"法兰西银行",这样更加隐蔽,更有迷惑性,实际利益一点没有损失,银行家族的世袭主导能力得到了进一步加强和集中)

和"第二次世界大战后的资本兼并"（银行家利用第二次世界大战后，百业待兴的局面，大肆滥发"法兰西银行券"，逐渐控制了法国绝大多数的实体经济，直接导致了"法兰西银行券"的崩溃，1960年1月1日，法兰西银行发行"新法郎"，1：100兑换"旧法郎"，新法郎含金量为0.1802克，这是法兰西银行背后的"国际债权人"对法国各阶层的一次金融战役，用"数字换实体经济所有权"对法国各阶层进行了一个高效的财富转移，故称"第二次法郎金融战役"）。

第一次法郎金融战役结束之后，也就是现代共济会成员、由法兰西银行股东秘密资助政变上台的拿破仑三世的"法兰西第二帝国"垮台（1852～1870），也是普法战争（1870.7.19～1871.5.10）法国失败的历史时刻。银行家的实体经济的投资重点已经转移到了德国，虚拟经济的重点转移到了美国。

这时法国并没有打败仗！仅在1870年9月19日，巴黎人民就组织了194个营的"国民自卫军"，超过30万军队，且士气高昂，完全是自愿，不需支付任何军饷！这支法国生力军超过了德国"围城"部队的总和，普法战争的胜利者是法国无疑。

可银行家立刻建立了一个"法兰西第三共和国"政府，除了继续授权法兰西银行发行银行券外，承认给德国（普鲁士）50亿法郎（不用"法兰西银行券"，而是黄金，交给德国的银行家族"分部"，给德国政府的是一些"法兰西银行券的账面数字"，这个在德国金融战役史中会提及），而且割地赔款（"法兰克福条约"包括贞德的故乡，这是蓄意制造民族仇恨，埋下了第一次世界大战的种子）。这个卖国条约"法兰西第三共和国"比德国还着急，要立刻执行！条件只有一个：把拿破仑三世被俘的10万"法兰西第二帝国军队"放回——屠杀法国巴黎的194个营的人民武装，并且要求德国军队"协助"。

这个历史事件史称"巴黎公社"［1871年3月18日开始，正式宣布成立的日期为1871年3月28日，1871年5月28日被德国释放的"法国帝国军队"（此时自称是"法兰西第三共和国"的军队）联手打败，大部分被处决，是空前血腥和残酷的一幕。这30万法国民兵（"法国国民自卫军"）绝大多数仅仅是爱国，并没有特别鲜明的政治倾向，但"爱国"恰恰和银行家的"全球化"相违背，故实际上被"拿破仑三世的帝国军队"和"德皇军队"联合打败］。所以，"普法战争"中法国的战败是盘踞在法国的欧洲跨国银行家集团和外国军队联手制造的政治结果，是一场金融战役。

2. 为什么要提及"索姆河战役"？之二："法兰西第三共和国"（1870～1940 年）、"德雷福斯间谍事件"、"埃米尔·左拉"

（1）"法兰西银行"1800 年建立伊始，犹太银行家罗思柴尔德家族是第三大股东，但此后世袭股东的"二百家族"之间兼并频繁，具体股份比例至今是绝密，但可以看出一些端倪。"法兰西第三共和国"时期，官方宗教是天主教、新教和犹太教（截止到 1905 年）。

（2）阿尔弗雷德·德雷福斯（1859.10.9～1935.7.12）

阿尔弗雷德·德雷福斯是法国总参谋部的高级军官。他的父亲是一名米卢斯的犹太人纺织业企业家。1871 年普法战争后阿尔萨斯被并入"德意志帝国"。 德雷福斯的父母当时保留他们的法国国籍。1872 年他们和家里的部分人移居巴黎。德雷福斯在巴黎中学毕业，1878 年考入巴黎综合理工学院，当时该学院主要培养技术军官，比如炮兵的军官（他成为炮兵职业军官）。1890 年他加入军事学校培训。同年他与一名富有的钻石买卖商的女儿结婚。1893 年德雷福斯晋升到上校，被召入法国总参谋部。

图片说明："法兰西第三共和国"总参谋部炮兵少校阿尔弗雷德·德雷福斯（1859.10.9～1935.7.12）。1894 年 12 月 22 日被宣判有罪，剥夺军籍，1899 年 9 月 15 日被无罪释放（1906 年 7 月 12 日法国政府宣布"平反"），然后升为少校，并指挥过地区炮兵，1907 年 10 月退役。1908 年遇刺，受枪伤。第一次世界大战又进入法军服役，战后中校退役。

1894年9月法国情报机构据称通过打入德国大使馆的间谍获得了一份手写的文献。在该文献中，一个法国军官向德国武官说，他要为德国提供秘密军事情报，尤其是法国炮兵情报。经调查，认为是阿尔弗雷德·德雷福斯，就被关进监狱了。

后来的变化是戏剧性的，1896年夏，新情报机构领导人皮卡尔上校获得线索，认为真正的叛徒应该是另一名总参谋部成员费迪南·瓦尔桑·埃斯特哈齐。但经过调查，法国政府宣布费迪南·瓦尔桑·埃斯特哈齐无罪。

整个间谍事件的焦点被误导在了"两者谁是间谍"，实际上自始至终只能说他们二人都有嫌疑，核心人物"阿尔弗雷德·德雷福斯"之所以受到怀疑是因为法国谍报人员得到的是"手写文件"，他又在之前去过德国（参加父亲的葬礼），故此首先受到怀疑，这也在情理之中。

按照常理，可以不予追究，但决不适合再次到法国总参谋部工作，并且在第一次世界大战期间，又第三次加入法国军队，一直接触法国军事机密（直到战后）。更不应该把他看成是某种"英雄人物"，因为从今天看来，阿尔弗雷德·德雷福斯的确有间谍嫌疑，只是不能确定他是否是德国打入"法国第三共和国"总参谋部的间谍。

（3）埃米尔·左拉（1840.4.2～1902.9.29）

埃米尔·左拉（法国自由主义代表人物，一般被认为是法国作家，但他父亲是意大利人）一直为阿尔弗雷德·德雷福斯鸣不平。此人和银行家族的保罗·塞尚（法国画家，1839～1906）是儿童时代的挚友，但左拉在他的小说《杰作》中虚构了塞尚以及画家们放荡不羁的生活态度后，两人断交。

埃米尔·左拉在阿尔弗雷德·德雷福斯事件中，表现异常（因为当时的法国情报机构是有一定证据才怀疑他，这份情报却被各方认为是真实的，不过对"间谍"是谁有争议），因为他根本就不了解，也不可能去验证这份秘密情报的来源和真伪，就发给"法国总统菲利斯·弗尔（1841～1899）"公开信，认为这是"冤案"，后被法庭判决是诽谤，逃到了英国。1902年神秘地死于"煤气中毒"，阿尔弗雷德·德雷福斯后来"扶棺"（1908年左拉的骨灰被移葬到先贤祠）时遇刺，险些丧命。

有一个猜测：左拉是一个摇摆于"现代共济会"和"古典共济会"之间的人物，这种摇摆可能不是投机，而是思想深处的"摇摆"，这可能导致了他的"意外去世"（因为，他有点愤世嫉俗，晚年思想越来越倾向于劳动人民，可又搅进一些诸如"阿尔弗雷德·德雷福斯间谍事件"这样一些异常复杂的国际事件当中去，这是很危险的）。

3.第一次世界大战中的"索姆河绞肉机"——**一切为了制造和延续债务！**

"普法战争"，法国银行家联合"普鲁士"军队彻底消灭了法国军队——"巴黎公社"30万军队，194个营，可谓"战功赫赫"，而且巧妙地让法国和德国进入了敌对状态。"法兰西第三共和国"政府拼命向"法兰西银行"借贷，德国政府也向银行家族在德国的家族银行分部借贷，结果双方进入了疯狂的军备竞赛。到了第一次世界大战（1914.7.28～1918.11.11）之前，两国连支付旧债利息都要借贷新债了！

1914年6月28日在巴尔干半岛的波士尼亚，"奥匈帝国"皇位继承人费迪南大公（Archduke Franz Ferdinand, 1863.12.18～1914.6.28）夫妇被神秘的秘密组织"黑手社"的杀手普林西普枪杀。这次事件促使1914年7月"奥匈帝国"向"塞尔维亚"宣战，成为第一次世界大战的导火线。这个事件"蹊跷得很"，具有明显的"人为性"，如果不是欧洲各国被银行家借贷逼到了绝路上，神秘的"黑手社"是无力挑起世界大战的！

美联储史的创始人尤斯塔斯·莫林在美联储史专著《美联储的秘密》第8章"第一次世界大战"["（美）尤斯塔斯·莫林等著.美联储的秘密.82页.（法）尼斯：John Mclaughlin出版公司.1993"]中有如下记载："If Wilson had not been elected, we might have had no Federal Reserve Act, and World War One could have been avoided. The European nations had been led to maintain large standing armies as the policy of the central banks which dictated their governmental decisions. In April, 1887, the Quarterly Journal of Economics had pointed out: 'A detailed revue of the public debts of Europe shows interest and sinking fund payments of $5343 million annually （five and one-third billion）. M. Neymarck's conclusion is much like Mr. Atkinson's. The finances of Europe are so involved that the governments may ask whether war, with all its terrible chances, is not preferable to the maintenance of such a precarious and costly peace. If the military preparations of Europe do not end in war, they may well end in the bankruptcy of the States. Or, if such follies lead neither to war nor to ruin, then they assuredly point to industrial and economic revolution.'"

草译如下：

如果威尔逊没有被选举为美国总统，就不会有《美联储法案》，第一次世界大战也可能避免，欧洲各国的央行把各国政府维持一支大规模的常备军队当做既定政策。1887年4月的《经济学季刊》就指出："一份详细的欧洲公共债务收入报告显示各种债券的利息支出和本金偿付每年高达53.43亿美元。欧洲各国的政府已经深陷其中。各国政府也许要问，**尽管战争有各种可怕的前景，但是比起如此昂贵和不稳定的和平来说，战争或许是一种更值得考虑的选择。如果欧洲的军事准备最终不是以战争来结束，那就必然是以各国政府破产而告终。**如果这种罪恶的闹剧既没有导致战争，也没有导致破产，那么将是一个工业和商业发生'革命'的时刻。"

所以，1887年有识之士就看出"法兰西银行"的"独立央行"系统蓄意制造了欧洲各国政府的债务，意图制造全面战争，以此牟取罪恶的暴利。无论如何，第一次世界大战爆发了，最少死了几千万人，受伤者不计其数。战后各国对债务的需求激增，各国央行基本控制了一切财富和权力，以纽约美联储世袭股东为中心的金融僭主体制，建立起来了。

"索姆河战役"是银行家游戏的"副产品"——人海战争的典范。纵观亚洲、非洲的战争历史，很少有一个战役死伤超过100万人，1天之内死几万人的例子。"人海战术"的典范就是"索姆河战役"。

法英联军在法国北部索姆河与德国进行一场战斗，从1916年7月1日到1916年11月18日，双方伤亡达133.2万人（法英联军79.4万人，德军53.8万人）。1916年7月1日晨，第一次世界大战中的索姆河战役打响了，法英联军在15英里宽的正面上以12个师的兵力发起进攻，另有7个师作为战场预备队。联军分几个波次实施攻击，"每个波次的士兵几乎都是肩并肩地排成整齐的队列"，"斜举着步枪，步履缓慢地行进……"。德军以平均每100米放置一挺马克沁MG08机枪的火力密度，向40千米进攻正面上的14个法英联军方队扫射。结果1天之中法英联军（这次冲锋主要是英国军队，但索姆河战役应该算是法英联军为一方，故称"法英联军"）有6万人伤亡（也有说5万或者8万的说法）。实际上等于一个十几万人的重兵集团发起的人海冲锋，几个小时内被重机枪消灭（也许该说士兵们被己方指挥官"消灭"才对），史称"**血的一天**"。

有人说，"索姆河战役"毫无意义；也有人说，第一次世界大战毫无意义。不！对于"国际债权人"来说，第一次世界大战人员、物质的损失越大，破坏越彻底，战后政府、企业、个人的借贷需求就越大，他们凭空写出的"钱的数字"就越大，对社会实体经济的所有权、财富的取得权、债务的持续控制权就越大，付出的代价不过是"嘴角的微笑"和"几个数字"。

金融战没超越道德，因为它们发生在道德标尺的另一端。

二、脱离了法国政府监管的"约瑟夫·富歇私人情报体制"对古代法国的影响

路易十六和玛丽·安托瓦内特的女儿昂古列姆公爵夫人却记得她童年时代惊怵的景象。她小时候，在圣克卢堡，经历了那个恐怖的夜晚，一群长挎党[①]打死了司阅（高级侍从——笔者注），靴上鲜血淋漓，出现在她的父母面前。随后，她又经历了那个黄昏，他们四人：父亲、母亲、弟弟和她——"面包师傅、其妻、其子女"[②]被塞到一辆大车上，随时都会被杀死，由一帮大喊大叫、如癫似狂的乱民押回巴黎的杜伊勒黎宫。她也经历了八月十日[③]，那一天，乱民用斧子劈开了门，冲进她母亲的寝宫，她的父亲被他们出洋相，一项红帽子扣到他头上，一支长矛顶住他的胸膛。她在丹普尔监狱经历过可怕的日子和毛骨悚然的时刻，一支长矛穿着一颗血污的人头举到他们的窗口；那是她母亲的女友德·朗巴尔公爵夫人的头颅，披散着被鲜血枯成一缕缕的头发。她的父亲后来被送上了断头台，她的小弟弟在囚室里被乱民虐待至死；她和父亲及弟弟诀别的时刻，她又怎么能忘记富歇的一群同党，戴着红帽子，日日夜夜审问她，折磨她。[①法国大革命时期革命群众的别称。②路易十六在囚禁时，对外身份称为面包师傅。③一七九二年]［文献引用：（奥）斯蒂芬·茨威格著，候焕闳译.一个政治家的肖像——约瑟夫·富歇传.上海：上海远东出版社.2006]。

这是被"约瑟夫·富歇"砍了脑袋的法王路易十六的女儿，一段有关"法国大革命"中，外国银行家扶植的"**约瑟夫·富歇私人情报体制**"所作所为的童年回忆。

1. 被如此打击的法国皇室，也就是上面路易十六的弟弟路易十八，却在不久后任命"约瑟夫·富歇"为皇家警务大臣（也就是秘密警察的头子，权限极大，实际上没有任何领域不能插手），并且给他证婚。这说明，法国的秘密情报体系已经脱离了政府监管，不论是雅各宾政府、拿破仑、路易

十八……都无力驾驭银行家，银行家的私人情报系统根本就不在意"政府的任命"和"政府的更迭"，权力永远掌握在外国银行家族手中。

2. "约瑟夫·富歇私人情报体制"过于强大、缺乏任何监督，凌驾于"法国政府"的监管能力之上，成了一个国中之国，是一个"非国有的、私人商业情报体制"，让金融僭主体制可以秘密履行不同于"政府和选举许诺"的"商业责任。"

3. "法国大革命"建立的是金融僭主体制，而不是"民主体制"。"约瑟夫·富歇"资助了"罗伯斯庇尔"、扶植了"拿破仑"、拉回了"路易十八"，堪称法国大革命之父，有关"民主选举"的秘密，他一语中的："**要满足选民的话，无论什么都要满口承诺下来。权力与武力，最易为食言者找寻到天衣无缝的借口。**"

这就是"约瑟夫·富歇私人情报体制"，也是金融僭主体制最大的危害：**真世袭家天下，假民主假选择。**

三、发行法郎，也就是"法兰西银行券"的法兰西银行，到底属于谁

（一）法兰西银行的世袭大股东

这是指 1800 年法兰西银行建立时的大股东（其中顶级的大股东名单），（所有股东中，有约 200 个大股东）史称"**法国二百家族**"。经过 200 年的演变，目前股东成分、股权大小，已有变化。这份名单来自历史文献，可以看出神秘的法兰西银行股东原始成分和大体轮廓。

罗思柴尔德家族（Famille Rothschild）

汪代尔家族（Famille de Wendel）

路易斯·德利法斯家族（Famille Louis-Dreyfus）

斯特恩家族（Famille Stern）

斯伦贝谢家族（Famille Schlumberger）

施耐德家族（Famille Schneider）

瑞德家族（Famille Lazard）

沃尔姆斯家族（Famille Worms）

马里特家族（Famille Mallet）

霍廷古尔家族（Famille Hottinguer）

米拉博家族（Famille Mirabaud）

凡尔纳家族（Famille Vernes）

富尔家族（Famille Fould）

大卫里耶家族（Famille Davillier）

拉斐尔家族（Famille Raphaël）

让·查尔斯家族（Jean Charles）

亨利·考斯通家族（Henry Coston）

沙瑞特家族（Famille Sarret）

梅岚瑞家族（Famille Mellerio）

忽格家族（Famille Hugel）

维亚尔家族（Famille Viellard）

泰亭哲家族（Famille Taittinger）

奥巴内家族（Famille Aubanel）

克雷德家族（Famille Creed）

柯力赛家族（Famille Griset）

莱蒙尼家族（Famille Lemoine）

（这是由网友小潘友情搜集并翻译整理的"法国二百家族"中的大家族名单，特此致谢）

（二）"法国二百家族"

1800 年，从犹太银行家罗思柴尔德家族为首的 200 个大股东（小股东有几千个），后来相互兼并，也韬晦隐忍。目前实际剩下的，可能在 100 个上下，实际主导法兰西银行事务的"国际债权人"主要是上面这些大银行家族。这 200 个大股东，史称"法国二百家族"，基本控制了法国的一切，直到今天。

有关**"法国二百家族"**的详情，请参阅相关学术文献：H·Coston. Le Retour Des "200 Familles". Paris：Librairie Française. 1960（谨供参考：[法]卡斯滕著.法兰西的"二百家族".巴黎：法国图书馆. 1960）。

四、"法兰西银行"国有化，外国银行家族如何控制"法郎"与"法国"

(一)"广泛股东体制"——"大股东体制"——"国际债权人体制"

法兰西银行从 1800 年建立后，经历了三次"主导体制"的变化，是资本不断凝结带来的结果。最开始是 200 个大股东和 3000 余个小股东，这些人并没有出资，而是形成了一个主导法国的金融利益集团，用"法兰西银行券"替代了金币，1 分钱也没有花就成了"法郎世界的神"。虽然这是一个极少数人组成的信用卡特尔，但代表性还比较广泛，至少有一个名义的股份制，也可以转让，实际上发行银行券的机构也比较多，虽然"乱了一点"，但也有"公平"之处，这就是法兰西银行的"广泛股东体制"。

1800 年以后，法国政局逐渐被外国垄断银行家族、资本不断凝结的过程不是名义股份多少来决定（拿破仑曾经将股份提高到原始股份的 3 倍，实际上拿破仑集团控制了法兰西银行股份的 66%，有些垄断银行家族曾试图退股，拿破仑不同意。可拿破仑被银行家搞掉后，这些"股份"实际上就集中到了拥有最多金币的垄断银行家族手中，而不是公开"转让"了，这是一个典型的暗箱操作，骗局中的骗局，但骗子之间的斗争却是真实的和残酷的)，而是金币说了算！所以，这就形成了一个或几个垄断银行家族说了算的体制，尤其是罗思柴尔德家族，也就是法兰西银行的"大股东体制"。

1946 年 1 月 1 日以后，"法兰西银行"名义国有化了，实际上没有什么可以国有化的——因为法兰西银行并不存在，只有一个牌子，所谓的国有化毫无意义。此时，法兰西银行券，也就是法郎的发行权由"国际债权人"主导，也就是这些年不断借给法国"信用符号"的外国银行家族主导，这种债务等同于法郎总量,法国不可能有能力偿还，法国上层("二百家族")全部涉足其中，法国政界不过是二百家族资助的一个"政客群体"，甚至就是银行家族，都不会提及这笔债务的存在，但却让法兰西银行从此牢牢控制在"国际债权人"手中，这就是"独立央行"体制国有化的奥秘。这样，"国际债权人"依然拥有了法国的一切财富，不停地以法郎总量为基数，通过法国政府向法国人民征收"利息"，这就是法兰西银行的"国际债权人"体制（所以，欧元不过是几个银行家族随手写出的数字和放弃法郎加入欧元"拉丁货币联盟"的翻版，国际债权人依然控制着欧元的信用，一切账目各国无权审查，法国政府的财政部都由法兰西银行控制，就不要说管理欧元了，这就是欧洲的金融僭主体制和世袭金融皇族体制）。

（二）法兰西银行"国有化"与神秘的"法国财政稽查处"

这部门很少有人知道，从名称上看似乎也"不太重要"。法国学者让·巴贝在第二次世界大战以后，整理过这样一段文献："在政府中占据最重要职位的高级公务员一般是在如下的重要部门：财政稽查处、国务会议、清算法庭、矿业联合会、土木工程部门、外交团，其中以财政稽查处为最有势力，它控制着国家的主要行政环节，涉及财政、行政和其他主要单位，如国家银行和国家保险公司，公营或半公营的金融机构（国家信贷银行、地产借贷银行、市场银行等），外交部，法国铁路公司，外汇管理处，法国电气公司，国家检查员组织，建设总稽查处，驻"北大西洋"机构的法国代表团等。在1952年，财政稽查处在各部中掌握了35个主管经济的单位，例如，税务局、对外财政司、预算司和国库司等。同时，有15个国营或半国营的金融机构受财政稽查处的领导，其中11个在国际机构中派有代表。这些"高级公务员"的忠诚可以从垄断组织选用他们的方式中看出来。选用这批人是考试的，但是长期的研读和昂贵的学费已经使许多人没有资格作为候选人。有时一种社会力量也可以在几年之内使一个小雇员的儿子成为大金融资本的忠心代理人。而大部分稽查员和许多其他高级公务员和大银行家都有家庭的联系，略举几个例子如下。"（参考文献：让·巴贝著；梁恒，沈沫译.法国与托拉斯.北京：世界知识出版社，1957）。

这些法兰西银行家族和垄断企业家族成员对法国重要部门的主导，法国学者让·巴贝用了一部书来研究他们的关系，主要是嫡传、姻亲和金融资本联盟（主导法兰西银行的"国际债权人家族"处于这个金字塔的顶端），三者基本是一致的和不可分的，没有银行家族血缘关系的人无法进入"法国财政稽查处"，但这个"独立央行"主导的"小圈子"，外人很难调查（除了极少数有良知和勇气的学者顶住一切压力、冒极大的风险，用一生来研究之外，它对于法国各阶层了解与不了解"没有太大的实际意义"，因为金融僭主体制就是家族垄断和世袭），法国政府无权管理"独立央行"的"专业事务"，这就是**"独立央行"**的奥妙所在。

五、银行家、投机商、现代共济会成员、"流氓"（腓特烈大帝语）——伏尔泰

"这桩生意是一个流氓想欺骗一个骗子"——腓特烈大帝（1752）

图片说明：法国银行家、投机商、现代共济会成员，被腓特烈大帝评价为"流氓"的伏尔泰（这是笔名，真名"François-Marie Arouet"，1694.11.21～1778.5.30）。他这样一个毕生做非法金融投机生意的银行家、金融投机商，被捧为"法国启蒙主义的先驱"、"思想之王"、"法兰西最优秀的诗人"、"欧洲的良心"，说明跨国金融僭主体制在法国已经成熟了。他晚年对法国封建王室不满（不过他和在法国执政、控制了"法国首相"、"法国央行"、"法国国王财政总监"等位置和机构的瑞士银行家集团的关系极好），最后干脆跑到瑞士日内瓦。此时，他已经弄到了足够的金币，成了一个庞大私人庄园的大领主，拥有1200名"仆人"，实际上是一个大奴隶主，且富可敌国。

伏尔泰在阿尔萨斯小住一段时间，很快就移居瑞士，因为他相信只有在那里才不会受到政治迫害。1750年，他就在日内瓦附近买了一块田地，他称它为"乐园"。伏尔泰拥有20座庄园，共约1200名仆人，他自我感觉像一国之父；他为这个国家操心，关心司法、学校，关心就业问题，关心工人们的住房。他写道："我在一个共和国里创立了一个美丽的王国。"**但他在那里也收税。**（文献引用：[德]格哈尔德·普劳泽著，朱刘华译. 天才秘事——伟人们的小小弱点. 上海：上海译文出版社. 2002）。

（一）"欧洲的良心"

1717 年，伏尔泰写讽刺诗影射法国宫廷的淫乱生活，被关入巴士底狱 11 个月，被称为"欧洲的良心"，纯洁无瑕的正派人，但他私生活却混乱不堪，离一个正派人的标准相去甚远。夏特莱侯爵夫人（法国人，1706.12.17～1749.9.10）很有钱，也很"开放"。伏尔泰在西雷村庄园住了 14 年，被说成是"一段爱情"。但其实，夏特莱侯爵夫人很聪慧，在数学上也有一定造诣，"有名有姓的情人"也不少于 5 个，他们就和侯爵夫人保持这样一种关系，伏尔泰假作不知，住在夏特莱侯爵夫人家（她与丈夫分居），过着免费的奢华生活（直到 1749 年，夏特莱侯爵夫人和另一个情人军官圣朗贝尔伯爵有后，意外死于产后血栓）。

伏尔泰批评法国王室的糜烂生活并不错（他只是没有那种条件），但算不上"欧洲的良心"。至少"不那么理直气壮"，有点"乌鸦站在猪身上，只看见猪黑，没看见自己黑"。

（二）银行家伏尔泰的金融投机生涯

1. 伏尔泰的"第二桶金"——彩票诈骗

伏尔泰的"第一桶金"来源很神秘，但"第二桶金"来自金融诈骗，这事闹到了法国法庭，在银行家朋友的帮助下，他从法国国库骗到了一大笔钱。他和朋友拉·孔达米纳发现了法国财政部发行的一种国家彩票有漏洞——全部彩票的售价小于彩票奖金（差额 0.01 亿法郎）。实际上这种错误的彩票销售，等同于一个错误的合同，是无效的。但伏尔泰就从一个神秘的来源弄到了巨额的资金，包下了法国彩票的全部，这样就等于有了 0.01 亿法郎的"利润"。银行家控制的"国务委员会"裁判法国国库出钱给伏尔泰，从此他的金融投机生意就一发不可收拾。

2. 伏尔泰非法操纵"萨克森公债"

伏尔泰对他的祖国并不留恋，就跑到"普鲁士"，在腓特烈二世（1712.1.24～1786.8.17）身边服务。他此时已经靠给贵族放贷赚到了巨额的资本，胃口大了起来。他联合银行家希尔施违法操纵"萨克森公债"（这不许外国人购买，就是怕被"外人"操纵，所以伏尔泰这是金融违法行为，不是正常投资国债），结果两个人分赃不均，还闹上了法庭。腓特烈大帝（即普鲁士的"腓特烈二世"），就评价他是个流氓[可能从这个时候（1752 年），就把他的工资和"差旅费"停发了，实际上就是"开口麦"，他又赖了一年多，结果被轰走了，他写信要"拖欠的工资和差旅费"，他的人品可见一斑。其实，没让他进监狱就不错了]。

（三）伏尔泰与现代共济会

伏尔泰不是古典共济会成员，而是现代共济会成员，这是一个银行家建立并主导的共济会组织，两者之间开始相互协作，但逐渐分化，直到矛盾很深。很多共济会的内幕和会议记录，就是二者相互攻讦时，透露出来的，否则一些文献外人很难知晓，也算是学术领域的一个意外收获。

伏尔泰正式加入现代共济会很晚，但他无疑一直是共济会的坚定支持者，不过是去世前，举行了这样一个仪式确定一下身份。1778 年 4 月 7 日，84 岁的伏尔泰加入了共济会著名的九姐妹分会（La Loge des Neufs Soeurs），共有 250 名共济会精英成员出席了上午举行的入会仪式。如同亨利·马丁（Henri Martin）在他的《Histoire de France：depuis les temps les plus reculés jusqu' en 1789（法国史：古代～1789 年）》（［法］亨利·马丁.法国史.法国：菲尔涅[Furne].1880）中描述的："接纳伏尔泰加入共济会，是一个在历史上值得纪念的时刻。而它们（共济会）的秘密无非是这两个：人道和宽容。"伏尔泰身着石匠礼服，他使用的石匠围裙来自法国哲学家、教育家爱尔维修（Claude Adrien Helvétius），在与会成员本杰明·富兰克林的搀扶下进入会社神庙会堂。鉴于伏尔泰的老迈和健康状况，仪式上省略了重要的蒙眼、袒肩、套绞索等步骤，只是在会堂的东面蒙上了一层黑色帷幕。主持仪式的石匠大师向他提了几个哲学和道德上的问题，伏尔泰都按照仪式规定作了解答，这时东面的帷幕降下，亮光从东方照来，参加仪式的会员也出现在一片光明中。接着伏尔泰被领到大师面前下拜，被授予学徒（"Apprentice"）身份，接受了学徒阶层的标志、暗语和握手礼。之后音乐响起，伏尔泰被戴上桂冠。一个月后，伏尔泰去世。

六、如何看待外国银行家的影响

（一）法国皇族的银行家代理人身份

法国皇族，到了路易十六时期，已经彻底丧失了独立执政的能力，沦为外国银行家族的政治代理人，甚至更加糟糕。因为，法国王室不论如何还是法国的民族象征，这就让法国皇族丧失了"利用价值"，最后被银行家族抛弃。

必须要明确一个问题：法国皇族就是欧洲垄断银行家族在法国最大的代理人。他们与跨国垄断银行家族的联姻、"友谊"都是最彻底的，甚至两次公开接受了美第奇银行的"摄政"，这在古代欧洲王室中，比较罕见。所以，法国王室一直支持外国银行家族在法国发行"银行券"，这实际上是一个掠夺法国的过程，他们非常清楚，却只要求"分一杯羹"。

这就极大地损害了法国各阶层的利益，影响了法国实体经济的发展，造成了一系列复杂和深刻影响。法国中下层对于法国王室的腐朽和没落，尚能勉强接受，但出卖国家利益则让人们怒火中烧，这是法国贵族在"法国大革命"期间，没有任何"政治盟友"的原因——他们代表着外国银行家族的利益，损害了一切法国阶层的利益。

法国王室被银行家消灭，有"换马"的性质、有"政变"的性质，但最核心的性质则是：资本兼并——法国王室占据着法国大多数财富，只有消灭了他们，才能让外国银行家族彻底完成对法国财富的垄断，从而实现金融资本对法国社会各阶层的绝对主导。银行代理人家族必然尾大不掉，银行家族又必须兼并代理人家族的资产，不断扶植新的代理人，赐予资产，又再次剥夺…… 这个过程不是小孩游戏，也不是故意的"残酷或卑鄙"，而是一个垄断金融资本为了维护自身资本凝结程度，而必须进行的"技术过程"，无所谓道德，银行家代理人家族是必然的"消耗品"，是垄断银行家族天然的敌人，最提防的仆人。可如果仅仅站在历史的瞬间来看这些，就会得出相反的结论。这就好比一个人站在巨大无比的地球上，不断地朝前跑，他认为自己在不断前进，周围的人也认为他在前进，可他实际上在一个"圆圈"上不断地重复。银行代理人家族永远也无法完成垄断金融资本所进行的资本凝结过程，却不自知，这种心理现象和历史实践在金融战役学中被称做："代理人圆圈"。

（二）对垄断银行家族的意义

1. "法国大革命"确定了一些银行家族主导欧洲

这是"法国大革命"一个很重要的历史结果。人们常常只知道伦敦、纽约，却不理解法国才是欧洲的金融中心，直到法国成了欧元的"头脑"，人们依然不理解这一点，只泛泛地认为这是法国与美国争夺金融权力的野心。但是人们忘记了一点：纽约美联储的世袭股东摩根财团和法兰西银行的世袭股东洛希尔财团的背后，都是罗思柴尔德家族。

2007年开始，突然冒出了一个"黄金本位"的说法和欧洲传出的"世界货币"的说法相映成趣，其本质就是跨国垄断银行家族**"架空—取得"**各国的货币发行权，以**"保持货币独立性"**的**"独立央行"**的**"思路"**，把各国拥有的货币发行权，替换成一种**"存储在美联储金库的黄金央行持有凭证·本位"**，也就是"国际债权人"主导的"空气本位"（更可怕的是可能实施一段真正的金本位，也就是金币本位，但由于黄金数量太少了，必然导致全世界陷入古代欧洲的那种"金币流动性枯竭"，从而让拥有最多金币、金矿开采权的跨国垄断银行家族发行的私人"黄金银行券"脱颖而出，他们拥有的金银也会突然增值成千上万倍，打败一切国家信用支持的法币，无偿攫取世界各国的全部财富和实体经济的所有权，并以信用供给为名义，以债务货币和"环保货币"为手段，在世界各地永远收取"垄断税"，也就是各国取得这种"世界货币"的时候欠"国际债权人"的"世界货币的信用取得数字"基数的利息，即便只有1%，1000年以后，年利息超过"世界货币"发行总量上百万倍！谁不信可以计算一下，远远不止！）。

根本就不存在"欧元和美元"之争，人们必须明确一个问题：美元和"特别提款权"（"纸黄金"和各国货币联合储备）就是世界货币，已经存在了几十年。美元"垮了"换"第二世界货币"毫无意义，这不过是"法国皇家银行券"，换成了"法国贴现银行券"，以后还会有"法国爱国银行指券"、"法兰西银行券"……

这不过是一个每隔几十年换一个名字的"老把戏"，在世界金融战役中上演了许多次了……

2. 银行家族进行了一系列重大的"社会实践"，完善了欧洲古代的金融僭主体制

在"法国大革命"之前很久，欧洲就存在金融国家和金融僭主体制了，可并没有一个超越国家体制的秘密商业情报机构凌驾于国家体制之上的现象，这就是一个很大的变化。

从约瑟夫·富歇体制之后，出现了一个"模糊的国家和私人界限、模糊了情报和商业界限的私有暴力组织"——**秘密银行雇佣军体制**的出现。这种"新的商业情报组织"开始向司法、政府、军队、艺术、宣传等领域全面渗透，不再是欧洲古代商人情报网络"飞鸽传书"的概念了，也不同于

"荷兰东（西）印度公司"那种银行武装，而是一个秘密的、跨国的、没有任何监督、没有任何约束的权力工具，只听命于跨国垄断银行家族。

3. "银行经理人"阶层"雇员化"，银行代理人阶层，"政治家化"，垄断银行家阶层"国际债权人化"，中小银行家阶层"姻亲化"，垄断金融资本"消极化"。

这些现象都是欧洲金融资本不断强大、不断成熟、不断完善的过程。金融战役学研究的是金融资本对人类社会的影响，但金融资本自古有之，并不是一开始就是消极因素，而是同时具有不同的内涵。"法国大革命"是古代欧洲金融资本走向成熟的标志，也是代表性逐渐减小的标志——跨国垄断金融资本逐渐独立于欧洲新兴的资产阶级，而成了一个资本孕育的怪胎。它诞生于奴隶时代，发展于封建时代，推动了资本时代，却把整个欧洲社会又拉回了奴隶时代。

金融战役史上最重大，也是最不可思议的现象发生了：**欧洲垄断金融资本逐渐站在了欧洲资产阶级的反面、站在了市场经济的反面，成了资本主义社会的掘墓人**（这就是为什么18世纪以后，欧洲的传统保守势力、传统右翼势力、传统宗教势力都逐渐站在了反对跨国金融资本的立场上。一些"18世纪工业革命"催生的新兴的工业化国家，年轻的资产阶级却由于对跨国垄断金融资本的利害不了解，甚至可能妄想自己在"大树底下长成参天大树"，而成了欧洲跨国垄断金融资本的"天然盟友"，也就是新的"银行代理人"）。

七、美第奇银行发起的"文艺复兴"与"法国大革命"

法国大革命的标志是"束棒"，也是"文艺复兴"的标志。"束棒"是古罗马时代皇帝、总督、地方最高长官、僭主等握在手里的一个标志。数量越多，表示权力越大，但能拿的人很少，有"最高权力"的含义。

束棒是捆在一起的木棍，代表"团结"，而"斧头"（古罗马用来砍头）则代表"最高权力"。斧头在地中海地区很早就有代表权力的意义了。在古罗马胜利游行的过程中特别勇敢的士兵也可以持斧头（但不能拿束棒），但如果成了"气候"，统一了天下，一般进城时，要收起"斧头"，所以"束棒"也有没有"斧头"图案的种类。

古老的刺客——法国金融战役史

图片说明：这是古罗马的"束棒"，代表着权力、惩罚、团结。"捆在一起的小木棍"代表着"帝国的统一"；"捆扎的带子"其实是"打人的皮鞭"，代表着"普通权力"；"斧头"是"死刑的权力"，代表着"最高权力"。"束棒"在拉丁文中是"fasces"，音译就是"法西斯"。这个标志是"美第奇银行"在"文艺复兴"中重新提出的"象征图案"，由拿破仑引进了法国。"法西斯党"和"法西斯主义"就是由此而来，由意大利开始，扩散到了欧洲。所以"法西斯"这个概念，还是"美第奇银行"制造出来的，是"文艺复兴"的产物。目前的"法国护照封面"、"美国华盛顿市林肯纪念堂林肯像座位的正面"都有"束棒"的图像。

美第奇银行被称做"文艺复兴的教父"，"文艺复兴"从一开始就不符合时代的潮流，而是一种"复古"。因为"束棒"代表着"死亡与权力"，故此第二次世界大战期间，德国法西斯有"骷髅师"，就是由此而来。美国学者 Antony C. Sutton 的金融史专著《希特勒的崛起和华尔街》（Antony C. Sutton. Wall Street and the Rise of Hitler. USA: G S G & Associates Pub. 1976）就是专门记录银行家对德国法西斯运动资助和渊源，这些都有历史记录，不值得惊讶。令人深思的是：为什么人们没有听说过这些真实的历史？

八、法国金融战役史总结

（一）不管人们如何看待明天，首先要了解历史

"法国第二央行·法国贴现银行"发行的"银行券"破产后，由外国银行家族发动了一场金融战役。这丝毫没有改变法国的政治和经济管理体制。此前法国是一个货币、经济、金融大权全部掌握在瑞士银行家集团手中，此后的"二百家族"（"法国第三央行·法兰西银行"的 200 个大股

东）的"代表性"似乎还大一些，不过这也算不上"进步"，因为奥地利罗思柴尔德银行家族很快就主导了这一切——金融资本的垄断性不是减少了，而是增加了。

"法国大革命"之前法国就是典型的资本社会，之后不过诞生了一个幕后的金融皇族替代了前台的皇族傀儡，两者在世袭和垄断上，金融皇族更甚，纯粹依靠血缘，而缺乏一个贵族体制内部的选拔机制和监督机制。

法国的民族资本，包括民族商业、工商业、手工业、银行代理人家族（比如法国王室就是"已经绝嗣"的美第奇银行的代理人和"姻亲分支"）被外国金融资本全部打垮，所有财富被掠夺一空。此后，法国的商人、工商业者、手工业者丧失了发展的历史机遇，全部成了外国银行家族的雇员，再也没有发展起来。法国各阶层的财富，只要可以用外国银行家随意写出的"信用数字"来衡量的财富，都被"广义攫取"。拿破仑等向"法兰西银行"大肆借贷的"法郎票据"，利率4%，借到的不过是数字；法国政府发行"法郎"的时候，必须通过"国有化的法兰西银行"向"国际债权人"进行借贷，否则"就会引发赤字"……但实际上这是把国家的货币职权变成了银行家族的私人游戏，但这个游戏却要世世代代、利滚利的、以法郎总量为基数向"国际债权人"支付利息，这一点与欧元也别无二致，不过"更加稳定"罢了（因为没有货币种类减少，参照物效应就弱了，直到"超主权的世界货币"出现后，一切"主权"都消亡后，银行家就可任意滥发"银行券"，谁也无权查账［这就是"独立央行理论"和其衍生的"货币独立性理论"的"妙处"］，谁也无法比较，人们会永远生活在一种银行家可以精确控制的"虚拟增长"中，乐不思蜀，无力自拔，直到人体芯片植入体系的实现，一切对银行家族来说就"完美无缺"了）！

（二）建立"法兰西银行"的代价

在"法国大革命"中，法国皇室的"暴行"，不论是否确定，最多是打死打伤了几十个冲击法国军营的"平民"。但任何一个国家的军事基地、政府机构受到冲击的时候，都会有反弹，而最大的一次"伤亡"，竟然是由现代共济会成员拉法叶侯爵（1757.9.6～1834.5.20）制造的（他亲自下命令朝人群开火，据说是"捉拿暴徒和刺客"），大约伤亡50人左右（据说是"被秘密囚禁的路易十六在幕后操纵"，史称"火神场大屠杀"（1791.7.17），这是"法国保皇派"的重要罪证之一，后来拉法叶几乎全

古老的创客——法国金融战役史

家被"失控的"现代共济会成员罗伯斯庇尔杀光,但罗伯斯庇尔等人很快被送上了断头台,幕后操纵者就是资助他并扶植他上台的"约瑟夫·富歇"),可拉法叶侯爵果真是"保皇派(君主立宪派)"吗?(拉法叶侯爵朝路易十六开了第一枪,仅此而已。罗伯斯庇尔不会"不了解这些",以此为"罪证"杀了同为共济会成员的拉法叶侯爵一家,说明他"失控了"而且"野心膨胀"……

图片说明:这是同为现代共济会成员华盛顿(左)和拉法叶(右)1784年在美国伊利诺伊州弗农山(华盛顿故居)秘密会面时的场景,他们二人如果说有一人是"美国国父"的话,拉法叶侯爵的成分更大一些。拉法叶一个"法国大革命"期间"温和的参与者"(1789年"法国大革命"军事力量——"国民卫队"的最高指挥官),坚定地反对现代共济会成员罗伯斯庇尔的"保皇派"……这不是一场历史的闹剧,又是什么?

反观外国银行家在法国掀起的金融战役,公开砍头的、有案可查的数以万计,实际上到底死了多少人无法确定(仅被拿破仑秘密下毒致死的法国士兵就有几千人,被他断送在埃及和俄国的有近百万),法国民族工商业者和传统贵族阶层基本被"约瑟夫·富歇"资助的雅各宾政府"消灭"了,然后"约瑟夫·富歇"扶植拿破仑上台,建立了"法兰西银行"。当拿破仑试图独占"法兰西银行"时,"约瑟夫·富歇"搞垮了拿破仑,软禁了他,然后"有人"用砒霜毒死了他(这是根据拿破仑留下的头发进行现代刑侦鉴定得出的可靠结论)。"约瑟夫·富歇"又把路易十八扶上了法国的宝座……此时,雅各宾集团除了"约瑟夫·富歇"硕果仅存,已经全部"消失"了（因为这个集团里面有许多法国中下层的激进的民族工商业者，外国银行家集团是不能容忍任何"民族"概念残存的）。

"法兰西银行"建立的过程，是血腥的和残酷的，法国的权力从瑞士银行家集团转移到了奥地利银行家手中（这是拉法叶全家被杀的原因之一），法国民族资本再也没有发展起来，甚至从此消失了。

直到今天，法国所有的经济命脉都控制在"二百家族"这些"银行大股东"手中。他们在1800年，大部分不是法国人（大股东则全是外国银行家族，当时主要由奥利银行家罗思柴尔德与瑞士银行家伊萨克·潘乔德两派控制。各种迹象表明，罗思柴尔德家族依托强大的黄金储备，用金本位打败了其他家族，逐渐占据了主导地位。不过这并不是一帆风顺的事，但直到"法兰西第三共和国"建立，银行家内部的争夺基本以奥地利银行家族的胜利告终），利润和资本不断地外流，虚拟经济的膨胀和实体经济的"外资化"导致法国此后逐渐丧失了欧洲第一实体经济强国的地位，德国的时代开始了！

一句话：**法国金融战役史，竟然是由外国银行家族而不是由法国人"书写"的，这值得后人深思……**

第九章

世界金融战役——绚丽的贝壳

一、金融骗局

金融战役学从宏观领域研究的是金融战役，而微观领域则研究**"合法欺诈"**，就是如何用智谋、策略、器具、强力、弱力等让人们拿出钱物的行为，其常常伴有深入的法律研究，骗局本身不受司法制裁或处于一个模糊的"灰色区域"，但这些都是金钱欺诈，只不过有大有小罢了。

在金钱的世界中，围绕金钱的骗局无处不在，法律和道德在这个领域根本不是一个财物欺诈者考虑的因素。在金融战役学中，有一种特殊的现象**"道德的可扭曲性"**，也就是说，一个道德可以通过不同的解释和不同层面道德的故意扭曲，而走向反面。

举例1：诈骗集团的教唆者对新入行的诈骗助手说："咱们不骗好人，骗的都是贪心的人，这叫替天行道。"这种说法在诈骗集团，尤其是大型的诈骗集团中很常见。

解释：一个人也许有"贪"念，喜爱"金钱"、"财物"、"女色"、"名望"……但这不是另一个人进行财物欺诈的理由，和另一个人的道德体系无关。

举例2：诈骗集团的从犯甲在被审判时对法官说："这不怨我，是老板（主犯乙）安排我收钱的，我只是在工作。"

解释：这就是"从犯甲"与"主犯乙"之间的一个典型的"道德扭曲"。问题的实质在于，两个人都清楚地知道：我在对第三者实施财物欺诈，不存在任何模糊。这是一种欺骗、相互欺骗（诈骗团伙成员之间）、自我欺骗相结合的"道德扭曲"，其实质在于减少犯罪心理压力，预先想好"替罪羊"。

所以，在财物欺诈的领域，道德的力量很弱小，法律的力量也很弱小，人们必须依靠增加这方面的知识，洞察自己的心灵深处，才能防范这些财物欺诈。

有一点倒值得欣慰：钱的欺诈远非传说中的"千变万化"，而恰恰是"千锤百炼，不断重复”，一人不贪、无人能骗，贪心一起，百骗缠身。

要常记古训：**有容乃大、无欲则刚、暗室亏心、神目如电。**

二、"名望骗局"

"名望骗局"，是一种特殊的骗局：诈骗者用自身的名誉和明天做诱饵，让受骗者区别骗局的逻辑发生技术混乱——"这个骗局一定会被揭穿，揭穿后损失会如此巨大，他或她不会这样做。"事实上，"合法欺诈"领域的确很少出现"名望骗局"，但诈骗领域则充斥着不计后果的欺诈者，偶尔也会在"合法欺诈"领域出现，一个简简单单的，甚至是可笑的"心理逻辑骗局"让无数人倾家荡产。

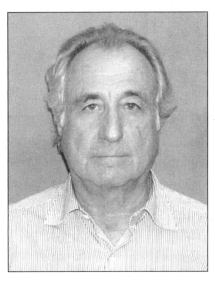

　　图片说明：伯纳德·麦道夫（Bernard L. Madoff，1938.4.29～）前纳斯达克主席、华尔街老牌经纪人、麦道夫对冲避险基金创始人。他是华尔街犹太金融家族中的佼佼者，不仅是银行家，而且是"父子同上阵"（他和两个儿子），名望极高，人脉宽广，从业几十年，身价过亿。他的诈骗对象有：西班牙金融业巨头桑坦德银行、法国巴黎银行、欧洲银行巨头汇丰银行、日本野村证券、瑞士银行、奥地利银行（Bank Medici AG）、皇家苏格兰银行……整个涉案金额超过 500 亿美元。2009 年 3 月 12 日，他身穿防弹背心来到纽约曼哈顿联邦地区法院，对证券欺诈、洗钱、伪证等 11 项指控，供认不讳。

　　名望骗局有如下几个特征。

1. 不计后果，并以此削弱和打乱受害者的"防诈骗的逻辑判断"

2. "内部消息"，此类骗局的特征都是"我里面有人"。在佛罗里达以及纽约的犹太社区里，麦道夫被很多人视为投资方面的"上帝"，称他的基金为"犹太人 T-NOTES"，意指同财政部发的短期国债一样牢靠[张志伟.麦道夫骗局：华尔街的耳光.新华网刊载（2009.12.19）：http://news.xinhuanet.com/fortune/2008-12/19/content_10526293.htm]。

3. 欲擒故纵，这类大骗局都是"诱使受害者上钩"

4. 虚假概念，制造一个他人不懂或很难验证的虚假概念，比如麦道夫的"分裂转换"（一堆高等数学的公式，掩盖了一个什么也不是的骗局）。

5. 抵押名望，这类骗局要有可以抵押的名望和信誉，才能形成"名望骗局"。

麦道夫案的受骗者名单：

1. 美国资产管理公司法菲尔德—格林尼治集团（Fairfield Greenwich Group）损失 75 亿美元

2. 对冲基金公司（Tremont Group Holdings Inc）损失 33 亿美元

3. 西班牙国家银行（Banco Santander SA）损失 28.7 亿美元

4. 奥地利银行（Bank Medici）损失 21 亿美元

5. 投资公司（Ascot Partners LP）损失 18 亿美元

6. 纽约投资公司（Access International Advisors）损失 14 亿美元

7. 富通银行子公司（Fortis Bank Nederland，Holding）损失 13.5 亿美元

8. 瑞士联合私立银行（Union Bancaire Privée, 简称 UBP）损失 10 亿美元

9. 汇丰银行损失 10 亿美元

10. 苏格兰皇家银行（RBS）损失 5.99 亿美元

11. 法国（Natixis）银行损失 5.54 亿美元

12. 卡尔-夏皮罗（Carl Shapiro）损失 5.45 亿美元

13. 巴黎银行损失 4.31 亿美元

14. 西班牙对外银行（BBVA）损失 3.69 亿美元

15. 英国金融服务公司曼恩集团（Man Group）损失 3.6 亿美元

16. 瑞士私人银行（Reichmuth & Co）损失 3.27 亿美元

17. 日本野村证券（Nomura）3.04 亿美元

18. 美国对冲基金公司（am Capital Management）损失 2.8 亿美元

19. 欧洲投资公司（EIM）损失 2.3 亿美元

20. 日本中型银行青空银行（Aozora Bank Ltd）损失 1.37 亿美元

21. 法国保险行业巨头安盛保险公司（Axa）1.23 亿美元

22. 叶希瓦大学（Yeshiva University）损失 1.1 亿美元

23. 意大利联合信贷（UniCredit）损失 0.92 亿美元

24. 意大利（UBI Banca）银行损失 0.86 亿美元

25. 瑞士人寿控股公司（Swiss Life Holding AG）损失 0.789 亿美元

26. 新加坡华侨银行的保险分支（Great Eastern Holdings）损失 0.64 亿美元

27. 北欧银行（Nordea Bank）损失 0.59 亿美元

28. 西班牙经纪人（M&B Capital Advisers）损失 0.528 亿美元

29. 瑞士私人银行（Hyposwiss）损失 0.5 亿美元

30. 瑞士私人银行（Banque Bénédict Hentsch & Cie）损失 0.488 亿美元

当心头涌上一句话："我很专业，不会上当"，请注意：潜意识已经发出了警告。在金融领域，被欺诈者都很专业，不专业的人不会被欺骗。

三、"社会调查骗局"

这是一种典型的金钱欺诈为目的的骗局。主要在街头雇用一些无业人员，用圆珠笔、小卡片，甚至是几句好话，让"被调查者"填写一个很详细的表格，并故意设置时间限制。

在这种情况下，一些人出于贪心会填写一些个人情况，有时出于"不好的心理"故意填写一些他人的真实情况…… 问题在于：大部分人不会在短时间内编造出一套合理的个人简历，骗局设置者很善于分析和检索出有价值的内容。这样的调查表格可以卖给诈骗集团、推销公司，也可以直接用上门、电话等途径，有针对性的实施财物欺诈。由于事先经过调查和"选拔"（填写的越仔细的，心理暗示性越强，骗局成功的可能就越大，这个"成功百分比"会远高于"海选式"的短信诈骗），成功的概率很高，对事主的伤害则会很大。

很多人在填写时，都会"填写他人的真实情况"，这就是一个令人伤感的现象，有点像在大家共用的引水渠中倾倒垃圾，不过这是在"倾倒恶念"，最后受害的是整个社会和"填写者"（因为"填写者"的笔记和一些信息会有意无意地留给"调查者"，随着技术的进步，甚至会包括秘密指纹、汗液采集、秘密录音、秘密录像）。

四、2009 年比尔德伯格会议与会者名单

（一）2009 年比尔德伯格会议主要决议

[参考文献：Paul Joseph Watson.prisonplanet.com（2009.5.16）：http:// www.
prisonplanet.com/bilderberg-wants-global-department-of-health-global-treasury
.html，原始采访资料由美国研究比尔德伯格会议的资深记者吉姆·塔克先
生整理。海洋深呼吸网友应邀友情翻译，特此致谢]。

1.（利用流行病等"特殊事件"）将国际卫生组织造成"世界卫生部"；
（利用世界经济危机）将国际货币基金组织改造成"国际财政部"，继续朝
"世界政府、世界货币、世界央行"的方向前进。

2.在全世界征收"碳排放税"（也就是辛勤劳动的实体经济国家给不劳
动的虚拟经济国家提供实体商品的同时，用缴纳"环保税"的形式，把美
元、欧元或"世界货币"再"回流回去"，从而建立一个既不劳而获，又能
占据道德制高点的"完美的财富转移机制"）。

2008 年比尔德伯格会议决定在全世界推行人体支付芯片植入，从而建
立一个金融僭主可以远程主导的"芯片人"社会（有关详情和与会者名单
请参看"江晓美.货币长城·金融战役学.北京：中国科学技术出版
社.2009"）。

（二）2009 年比尔德伯格会议与会者名单

[参考文献：Jim Tucker.prisonplanet.com（2009.5.18）：http://www. pris-
onplanet.com/bilderberg-2009-attendance-list.html，原始采访资料由美国研究
比尔德伯格会议的资深记者吉姆·塔克先生整理。海洋深呼吸网友应邀友
情翻译，特此致谢]。

Dutch Queen Beatrix　荷兰女王贝娅特丽克丝，荷兰皇家壳牌石油公司最
　　　　　　　　　　　大股东

Queen Sofia of Spain　西班牙王后索菲亚

Prince Constantijn Dutch Prince　荷兰小王子康斯坦丁

Philip Ntavinion Etienne, Belgium　比利时王储菲利普

Joseph Akerman, Germany　约瑟夫·艾克曼，德国德意志银行 CEO

Keith B. Alexander　基斯•亚历山大，美国国家安全局局长

Roger Altman　罗杰•阿尔特曼，美国前财政副部长

Arapoglou, Greece　希腊国民银行行长

Ali Babacan　阿里·巴巴詹，土耳其副总理，主管经济

Francisco Pinto Balsemão　弗朗西斯科•平托•巴尔塞芒（1981～1983 年），葡萄牙前总理

Nicolas Baverez　法国经济评论员，尼古拉斯•巴维列，Nicolas Baverez

Franco Bernabè　佛朗哥•贝尔纳韦,意大利电信 CEO

Xavier Bertrand　沙维•波特兰，法国劳工部部长

Carl Bildt　卡尔•比尔特，瑞典外交大臣

Jan Arne Björklund　瑞典自由党领袖，教育部部长

Christoph Blocher　克里斯托夫•布洛赫，瑞士副总统

Alexander Bompar　亚历山大•邦帕德，法国国际广播电台

Boten Anna　安娜•博坦,西班牙最大银行桑坦德银行行长埃米利奥•博坦的女儿

Henri de Castries　亨利•卡斯特里，法国安盛保险集团全球总裁

Juan-Luis Themprian　路易斯•朱利安，西班牙 PRISA 通信集团 CEO

Clark Edmunds　加拿大 TD 道明银行 CEO 夏立勤

W. Edmund Clark　肯尼斯.克拉克，英国著名学者

Luc Coene　吕克•科恩，比利时国家银行副总裁

George David　乔治•戴维，美国联合技术公司 CEO,花旗集团董事会成员

Richard Billing Dearlove　理查德·迪尔洛夫，英国军情六处前负责人

Mario Draghi　马里奥•德格里，意大利银行董事

Anders Eldrup　安德斯•艾尔普，丹麦石油天然气公司总裁

John Elkan　约翰·艾尔坎，意大利菲亚特副总裁

Thomas Enders　托马斯•恩德斯，空中客车公司总裁

Jose Manuel Entrecanales　何塞•曼努埃尔•恩特卡那雷斯，西班牙基础设施企业 Acciona SA 的董事长

Isidro Fainé Casas　西班牙巴塞罗那储蓄和养老金银行总裁

Niall Ferguson　尼尔·弗格森，生于 1964 年，美国哈佛大学经济史学家，《货币的崛起》作者，罗斯切尔德个人传记作者

Timothy Franz Geithner 蒂莫西•盖特纳美国财政部长

Ntermot convergence, Ireland （AIV Group） Ntermot convergence 爱尔兰
（禽流感病毒组专家小组）

Donald E. Graham　唐纳德•格拉汉姆，美国华盛顿邮报 CEO

Victor Chalmperstant 维克多•切尔泼斯坦，荷兰莱顿大学经济学教授

Ernst Maurits Henricus Hirsch Ballin 恩斯特赫希•巴林，荷兰司法部长

Richard Charles Albert Holbrooke 理查德•霍尔布鲁克，美国奥巴马政府阿
富汗及巴基斯坦问题特使

Jakob de Hoop Scheffer 夏侯雅伯，北约秘书长

James Logan Jones Jr.　詹姆斯•琼斯，美国白宫国家安全顾问

Vernon Jordan 威尔努.佐顿，前总统克林顿的顾问,职业律师，伊拉克研究
小组 10 名成员之一

Robert Kagan 罗伯特•卡甘，美国著名右翼新保守派政治家

Jyrki Katainen 卡泰宁，芬兰副总理兼财政部长

John Kerr, Baron Kerr of Kinlochard　约翰•克尔，荷兰皇家壳牌董事长

Mustafa Koç 穆斯塔法•考奇，土耳其最大和最有声望的财团考奇集团主席

Roland Koch　罗兰•科赫，德国黑森州州长

Sami Cohen 萨米•科恩，土耳其记者

Henry Kissinger 亨利•基辛格

Marie-Josée Kravis　玛丽•拉维斯，加拿大渥太华大学经济学家

Neelie Kroes　尼莉叶•克洛伊，前荷兰交通部长，欧盟委员会（European
Union Commission）反垄断专员

Odysseas Kyriakopoulos　奥德修斯，希腊 S&B 集团

Manuela Ferreira　曼努埃拉•费雷拉，葡萄牙政治家及经济学家

Bernardino León Gross 弗雷斯诺•莱昂，西班牙首相府秘书长

Jessica Mathews 杰西卡•马修斯，美国卡耐基国际和平基金会智囊

Philippe Maystadt 菲利普•马斯塔德，欧洲投资银行行长

Frank McKenna　法兰克□麦肯纳，加拿大道明银行副行长

John Micklethwait　约翰•麦克列威特，《经济学人》杂志总编

Thierry de Montbrial　帝埃里•德•蒙布里亚尔，法国国际关系研究院院长

Mario Monti　马里奥•蒙蒂，意大利博科尼大学校长，前欧盟竞争总署委员

Angela Miguel Moratinos　安吉拉莫拉蒂诺斯，西班牙外交部长

Craig Mundie　微软首席研究及战略官克瑞格•蒙迪

Egil Myklebust　米克勒•比斯特，挪威水电 CEO

Matthias Nass　马蒂亚斯，德国《时代周报》副总编辑

Olive Denis　奥利弗•丹尼斯，法国《新观察家》周刊

Frederic Oudea　弗雷德里克•乌代阿，法国兴业银行 CEO

Cem Özdemir　塞穆•约茨迪米尔，生于 1965 年，德国绿党新主席，德国历史上第一个具有土耳其血统的政治精英，被称为"德国的奥巴马"。

Tommaso Padoa-Schioppa　托马索• 派多•亚夏欧帕，前意大利经济财政部长

Papalexopoulos Dimitris　雷帕斯，希腊泰坦水泥集团 CEO

Richard Norman Perle　理查•诺曼•波尔，美国前布什政府国防部副部长，新保守主义派

David Petraeus　大卫•彼得雷乌斯，美国中央司令部现任司令

Manuel Pinho　曼努•埃尔皮尼奥，葡萄牙财政部长

Robert W. Prichard　罗伯特•普理查德，美国弗吉尼亚州神学院教授

Romano Prodi　罗马诺•普罗迪，意大利前总理

Heather Reisman　希瑟•莱斯曼，加拿大英迪戈出版集团总裁

Eivind Reiten　埃文•赖顿，挪威海德鲁公司（挪威最大工业公司）总裁

Michael Rintzier　迈克尔•荣格，捷克荣格集团主席

David Rockefeller, 戴维•洛克菲勒，（纽约美联储股东，美国犹太财阀），洛克菲勒家族第三代掌门人，大通银行前董事会主席，现任该行国际顾问会委员，美国对外关系协会名誉主席，比尔德伯格俱乐部、三边委员会创始人之一

Dennis Ross, United States　丹尼斯•罗斯，美国前外交官，克林顿时期的白宫发言人

Barnett R. Rubin　巴尼特•R.鲁宾，美国著名的阿富汗问题专家，纽约大学国际合作中心主任

Alberto Ruiz-Gallardón Jiménez 艾伯特•加利亚东，西班牙马德里市市长

Suzan Sabancı Dinçer　苏珊•萨班，土耳其 Akbank 银行行长

Indira V. Samarasekera　英迪拉•萨马拉塞克拉博士，加拿大艾尔伯特大学校长，加拿大最大银行丰业银行董事

Rudolf Scholten　鲁道夫•薛尔顿，前奥地利教育科学文化部部长

Jürgen Stemp　约尔根，德国

Pedro Solbes Mira　佩德罗·索尔韦斯，西班牙第二副首相兼经济和财政大臣

Sampatzi Saraz　土耳其银行家

Sanata Seketa　萨纳塔，加拿大大学

Lawrence Henry Summers　劳伦斯·萨默斯，奥巴马总统的首席经济顾问、被看成是"救火队长"的美国经济委员会主席，曾在克林顿政府担任财长，担任过哈佛校长

Peter Denis Sutherland　彼得·萨瑟兰，WTO前总干事，现任英国石油BP公司主席，高盛国际董事会成员，苏格兰皇家银行集团董事，三边委员会和欧洲圆桌会议领导委员会委员，长期的比尔德伯格俱乐部成员

Martin Taylor　马丁·泰勒，前英国巴克莱银行CEO，现任瑞士农业化学品生产巨头先正达公司主席

Peter Thiel　彼得泰尔，生于1967年，皮特·泰尔，掌管着一个总资金达30亿美元的对冲基金，他是一家新风险投资公司的创始人，被称为"自由市场"的天才

Matti Taneli Vanhanen　马蒂·万哈宁，芬兰总理

Daniel Lucius Vasella　魏思乐，瑞士诺华制药公司总裁

Guy Verhofstadt　维霍夫斯达，比利时前总理

Paul Volker, the US　保罗·沃尔克，生于1927年，美联储前任主席，奥巴马高级经济顾问

Jacob Wallenberg　雅戈布·瓦伦博格，瑞典的"无冕之王"瓦伦堡家族的第五代继承人，银瑞达公司董事会主席

Marcus Wallenberg　马库斯·瓦伦堡，瑞典瓦伦堡家族的第5代掌门人

Nout Wellink　魏霖克，荷兰央行行长

Viser Hans　汉斯·菲瑟尔，荷兰政治家

Martin Wolf　马丁·沃尔夫，英国《金融时报》首席经济评论员

James Wolfensohn　詹姆斯·沃尔芬森，世界银行第9任行长

Paul Wolfowitz, United States　保罗·沃尔福威茨，世界银行第10任行长

Fareed Zakaria　扎卡瑞亚，美国《新闻周刊》分析员

Robert Zoellick　罗伯特·佐利克，世界银行第十一任行长，曾任高盛总经理，美国常务副国务卿

Dora Bakoyannis　多拉•巴科扬尼斯，希腊外交部长

Anna Diamantopoulou　安娜，希腊国会议员，前欧盟委员会委员

Yannis Papathanasiou 雅尼斯，希腊前财政部长

Georgios Alogoskoufis，乔治•阿劳格斯古费斯，希腊经济部长

George David　可口可乐 HBC 公司董事会主席，希腊国防和外交政策研究
　　　　　　所成员

后　记

　　法国是个美丽的国家，法国人民是勤劳勇敢的人民，可在欧洲古代的金融战役史中，法国屡战屡败，直到彻底丧失了发行法郎的权力，用法国政府的信用为抵押，用法国各阶层的劳动为"偿还"，一年又一年地通过"国有化"的法兰西银行向"国际债权人"取得"法郎信用"，并凭空背负着逐渐超过法郎发行总量的"利息"……

　　这就是"独立央行"理论，衍生理论"货币独立性"理论和"债务货币"的"妙处"，法国的一切货币、经济权力都"合法地"控制在世袭的金融僭主家族手中，一代又一代。

　　随着"法兰西第三共和国"的建立，一个建立在"捐助人体制"基础上的"多党制选举"出现了，人们开始沉迷于接连不断和费用昂贵的"选举"，"保皇党"、"自由党"、"保守党"、"激进党"……一切可供选择的"政治概念符号"纷纷出现在人们面前，供人们"自由的选择"，而这些"政治理念不同的候选人"，却有着同一个捐助者——"二百家族"。没有法兰西银行"股东集团"的捐助，就无力参加选举、组建政党，也就不会成为"人们的自由选项"，而被选举的"选战胜利者"则必须要在短短的几年里面与世袭几百年，并对他或她进行了逐层选择(不同层次选举的捐助提供机制)的恩主进行"绝对合作"，也必然会进行合作，否则他或她所依托的"党派"会立刻丧失捐助，被遍布每一个角落的私人媒体帝国批得体无完肤……

　　这就是法国金融战役的成果，这就是法国的金融僭主体制。本书到此为止，但更多精彩、诡异的金融战役就在那里，等待着尊敬读者的赏读。谢谢！

https://sites.google.com/site/homeofjiangxiaomei/
homeofbeautifulmind@gmail.com
beautifulmin1711@sina.com

晓美工作室　2009 年 8 月 北京

《金融刺客——金融战役史》系列丛书

（一）　《水城的泡沫——威尼斯金融战役史》

（二）　《海上马车夫——荷兰金融战役史》

（三）　《古老的剑客——法国金融战役史》

（四）　《铁血骑士团——德国金融战役史》

（五）　《雾锁伦敦城——英国金融战役史》

（六）　《开国的苦斗——美国金融战役史》

（七）　《财阀的魔杖——日本金融战役史》

（八）　《斑驳的铜锈——中国古代金融史》

（九）　《飘散的烟云——世界金融战役史》